PEINTURE ANIMALIÈRE

TECHNIQUES DES MAÎTRES CONTEMPORAINS

PEINTURE ANIMALIÈRE

TECHNIQUES DES MAÎTRES CONTEMPORAINS

PAR SUSAN RAYFIELD

EDITIONS

marcel broquet

Case postale 310, LaPrairie, Qué.
J5R 3Y3 — (514) 659-4819

Robert Bateman

Pour Carile, Anne et Dave
et la ferme dont les bois, ruisseaux
et collines vallonnées m'ont
enseigné le monde de la nature.

Titre original: Wildlife Painting

Dépôt légal - Bibliothèque nationale du Québec
1er trimestre 1989

ISBN 2-89000-230-6

page 1.
Balbuzard, de Guy Coheleach, 1983, gouache et acrylique 76,2 x 101,6 cm

Page 2-3.
Profil d'un ours polaire, de Robert Bateman, 1976, 60,9 x 91,4 cm

REMERCIEMENTS

Avant tout, je tiens à remercier les artistes de ce livre, qui m'ont si généreusement partagé leurs connaissances, temps, et amitié durant plusieurs mois. Ce fut un grand plaisir de travailler avec Bob Lewin, Dick Lewin, Mary Nygaard et le personnel de Mill Pond Press, à Venice, Floride. Je remercie aussi de leurs efforts: Russel Fink, Lorton, Virginie; Martin Wood, Collectors Covey, Dallas, Texas; Leslie Ware, du magazine *Audubon* pour son aide précieuse pour les biographies. De plus, je veux remercier Guenther Brandes, Gabriele Reddin, Sandra Crabtree et Davis Finch.

Chez Watson-Guptill, mes remerciements vont à Mary Suffudy et à David Lewis pour leurs encouragements et conseils; à Candace Raney, pour son travail d'édition sensible et intelligent, et à Jay Anning, pour son sens profond de l'esthétique.

Table des matières

CRÉDITS 8

INTRODUCTION 9

OISEAUX DE PROIE 10
Rendre les types de plumes 12
Saisir la forme et les motifs des ailes 14
Exprimer l'attaque et la vitesse 16
Suggérer le mouvement en un style impressionniste libre 18
Manipuler ombre et lumière 20
Saisir de subtils motifs de couleurs 22
Espace positif et négatif 24

PRÉDATEURS ET PROIES: GROS ANIMAUX 26
Rendre la fourrure par la technique de la brosse sèche 28
Peindre des traces d'animaux dans la neige 30
Créer une impression d'espace par une chute de neige 32
Créer une illusion de relief du pelage 34
Bâtir la forme en couleurs réfléchies 36
Estomper les contours pour éviter l'effet de silhouette 38
Agencer les éléments dans une composition 40
L'importance de comprendre le comportement de l'animal 42
Regrouper les animaux dans leur milieu naturel 44

OISEAUX EXOTIQUES 46
Dessiner en vue d'un autre mode d'expression 48
Étendre des lavis pour structurer couleur et forme 50
Cadrer serré pour augmenter l'impact 52
Peindre des plumes crêpées à l'aquarelle 54
Capter le caractère spécifique d'un oiseau 56
Dessiner les oiseaux 58
Peindre des plumages verts 60

PLAINES AFRICAINES 62
Donner une impression d'action 64
Études de couleurs au pastel sur le vif 66
Peindre les herbes sauvages 68
Exprimer le mouvement par la disposition des éléments 70

Capter le drame de la chasse 72
Nuancer l'arrière-plan pour renforcer l'action 74
Construire des structures au couteau à peindre 76

OISEAUX DE JARDINS 78
Saisir les caractéristiques des oiseaux familiers 80
Réussir des rouges vibrants lumineux 82
Utiliser un papier teinté pour accentuer les couleurs 84
Fondre les grisés pour faire ressortir un bleu vif 86
Esquisses d'oiseaux chanteurs sur le motif 88
Découvrir la beauté, même dans une scène banale 90
Dessiner à la peinture des détails précis 92
Travailler dans les limites d'un médium 94

LE MONDE DES PETITS ANIMAUX 96
Créer une tension visuelle par le clair-obscur 98
Fondre sujet et arrière-plan 100
Utiliser un fond en dégradé pour suggérer l'espace 102
Unifier un tableau par de simples effets visuels 104
Peindre par couches successives 106

RIVAGES ET MAIGRES EAUX 108
Peindre le sable par éclaboussures 110
Créer une scène abstraite 112
Croquer vents et brumes sur le vif 114
Dissimuler un sujet par un effet linéaire 116
Créer une ambiance avec l'arrière-plan 118
Peindre les oisillons 120
Définir formes, couleurs et ombres lors de l'apprêt 122
Capter les reflets irisés des plumes 124
Glacis et frottis 126
Saisir l'ambiance avec quelques coups de pinceau 128
Créer des motifs et des lignes de force rythmiques 130

BIOGRAPHIES DES ARTISTES 132

INDEX 144

CRÉDITS

page faux-titre. Collection particulière.
page titre. Collection particulière. Photo: gracieuseté de l'artiste et de Mill Pond Press Inc., Venice, Floride. © 1976 Robert Bateman.
pp. 10-11. Collection particulière.
p. 13. Collection particulière.
pp. 14-15. Collection particulière. Photo: gracieuseté de l'artiste et de Mill Pond Press, Inc., Venice, Floride. © 1983 John Seerey-Lester.F
p. 17. Collection de Glenbow-Alberta Institute, Calgary, Alberta, Canada. Photo: gracieuseté de l'artiste et de Mill Pond Press, Inc., Venice, Floride. © 1976 Robert Bateman.
pp. 18-19. Collection particulière.
pp. 20-21. Collection particulière. Photo: gracieuseté de l'artiste et de Mill Pond Press, Inc., Venice, Floride. © 1979 Robert Bateman.
p. 22. Collection de l'artiste. Photo: gracieuseté de Hans Hemlin.
pp. 24-25. Collection particulière. Photo: gracieuseté de l'artiste et de Mill Pond Press, Inc., Venice, Floride. © 1965, Robert Bateman.
pp. 26-27. Collection particulière. Photo: gracieuseté de l'artiste et de Mill Pond Press, Inc., Venice, Floride. © 1980 Robert Bateman.
p. 29. Collection de M. et Mme Frank Welch. Photo: gracieuseté de l'artiste et de Mill Pond Press, Inc., Venice, Floride. © 1983 John Seerey-Lester.
p. 30. Collection particulière. Photo: Gracieuseté de l'artiste et de Mill Pond Press, Inc., Venice, Floride. © 1983 John Seerey-Lester.
p. 31. Collection particulière. Photo: gracieuseté de l'artiste et de Mill Pond Press, Inc., Venice, Floride. © 1983 John Seerey-Lester.
pp. 32-33. Collection particulière. Photo: gracieuseté de l'artiste et de Mill Pond Press, Inc., Venice, Floride. © 1979 Robert Bateman.
pp. 34-35. Collection B. Gilbert. Photo: gracieuseté de l'artiste et de Mill Pond Press, Inc., Venice, Floride. © 1983 John Seerey-Lester.
pp. 36 et 38. Collections particulières. Photo: gracieuseté de Collectors Covey, Dallas, Texas.
pp. 40-41. Collection particulière.
pp. 42-45. Collections praticulières. Photo: gracieuseté de Collectors Covey, Dallas, Texas.
pp. 46-47. Gracieuseté de Kennedy Galleries, New York.
pp. 48-49. Collection de l'artiste. Photo: gracieuseté de Kennedy Galleries, New York.
pp. 50-54. Gracieuseté de Kennedy Galleries, New York.
p. 55. Collection de l'artiste. Photo: gracieuseté de Kennedy Galleries, New York.
p. 56. Collection de l'artiste.
p. 57. Collection particulière.
pp. 58-61. Collection de l'artiste.
pp. 62-63. Collection particulière. Photo: gracieuseté de l'artiste et de Mill Pond Press Inc., Venice, Floride. © 1978 Robert Bateman.
pp. 64-65. Collection de M. Lloyd Wright. Photo: gracieuseté de l'artiste et de Mill Pond Press Inc., Venice, Floride. © 1979 Robert Bateman.
p. 66. Collection particulière. Photo: gracieuseté de l'artiste. © 1979 John Seerey-Lester.
p. 67. Collection du Dr R. J. Photo: gracieuseté de l'artiste. © 1982 John Seerey-Lester.
p. 68-69. Collection particulière. Photo: gracieuseté de l'artiste et de Mill Pond Press Inc., Venice, Floride. © 1978 Robert Bateman.
pp. 70-72. Collection particulière.
pp. 74-75. Collection de Mme Elizabeth C. Kuhn.
pp. 76-77. Collection particulière.
pp. 78-79. Collection particulière. Photo: gracieuseté de l'artiste et de Mill Pond Press Inc., Venice, Floride. © 1976 Roger Tory Peterson.
p. 80. Collection particulière. Photo: gracieuseté de l'artiste et de Mill Pond Press Inc., Venice, Floride. © 1978 Roger Tory Peterson.
p. 81. Collection particulière. Photo: gracieuseté de l'artiste et de Mill Pond Press Inc., Venice, Floride. © 1978 Roger Tory Peterson.
p. 83. Collection particulière. Photo: gracieuseté de l'artiste et de Mill Pond Press Inc., Venice, Floride. © 1977 Roger Tory Peterson.
p. 85. Collection particulière. Photo: gracieuseté de l'artiste et de Mill Pond Press Inc., Venice, Floride. © 1984 Lars Jonsson.
p. 86. Collection particulière. Photo: gracieuseté de l'artiste et de Mill Pond Press Inc., Venice, Floride. © 1984 Lars Jonsson.
pp. 88-89. Collection de l'artiste. Photo: gracieuseté de l'artiste et de Mill Pond Press Inc., Venice, Floride. © 1984 Lars Jonsson.
p. 91. Collection particulière. Photo: gracieuseté de Russell A. Fink, Lorton, Virginie.
p. 93. Collection de M. Daniel M. Galbreath. Photo: gracieuseté de Russel A. Fink, Lorton, Virginie.
p. 95. Collection de M. D.E.G. Munro. Photo: gracieuseté de Russell A. Fink, Lorton, Virginie.
pp. 96-97. Collection de Norman Galleries, Canada. Photo: Gracieuseté de l'artiste et de Mill Pond Press Inc., Venice, Floride. © 1983 John Seerey-Lester.
pp. 98-99. Collection particulière. Photo: gracieuseté de l'artiste et de Mill Pond Press Inc., Venice, Floride. © 1971 Robert Bateman.
pp. 100-101. Collection particulière. Photo: gracieuseté de l'artiste et de Mill Pond Press Inc., Venice, Floride. © 1978 Robert Bateman.
pp. 102-103. Collection de M. et Mme Harold Blankemeyer. Photo: gracieuseté de l'artiste et de Mill Pond Press Inc., Venice, Floride. © 1984 Thomas Quinn.
p. 105. Collection de l'artiste.
pp. 106-107. Collection de Mme Sarah Poole.
pp. 108-109. Collection particulière. Photo: gracieuseté de l'artiste et de Mill Pond Press Inc., Venice, Floride. © 1978 Robert Bateman.
pp. 110-112. Collection particulière. Photo: gracieuseté de l'Atlantis Publishers, Stockholm.
p. 113. Collection de l'artiste. Photo: gracieuseté de Hans Hemlin.
p. 114. Collection de l'artiste. Photo: gracieuseté de l'Atlantis Publishers, Stockholm.
p. 115. Collection de l'artiste. Photo: gracieuseté de Hans Hemlin.
pp. 116-117. Collection particulière.
p. 119. Collection du Dr et de Mme John Bennhoff. Photo: gracieuseté de l'artiste et de Mill Pond Press Inc., Venice, Floride. © 1984 Thomas Quinn.
pp. 120-121. Collections particulières.
pp. 122-123. Collection particulière. Photo: gracieuseté de Collectors Covey, Dallas, Texas.
p. 125. Collection particulière.
pp. 126-127. Collection particulière. Photo: gracieuseté de l'artiste et de Mill Pond Press Inc., Venice, Floride. © 1979 Roger Tory Peterson.
pp. 128-129. Collection particulière.
pp. 130-131. Collection de M. et Mme Donald Hurst. Photo: gracieuseté de l'artiste et de Mill Pond Press Inc., Venice, Floride. © 1977 Robert Bateman.
p. 133. Collection particulière. Photo: gracieuseté de l'artiste et de Mill Pond Press Inc., Venice, Floride. © 1983 Robert Bateman.
p. 134. Collection de l'artiste. Photo: gracieuseté de Kennedy Galleries, New York.
p. 135. Collection particulière. Photo: gracieuseté de Collectors Covey, Dallas, Texas.
p. 136. Collection particulière. Photo: gracieuseté de Russell A. Fink, Lorton, Virginie.
p. 137. Collection particulière.
p. 138. Collection de l'artiste.
p. 139. Collection particulière. Photo: gracieuseté de Atlantis Publishers, Stockholm.
p. 140. Collection particulière.
p. 141. Collection particulière. Photo: gracieuseté de l'artiste et de Mill Pond Press Inc., Venice, Floride. © 1983 Roger Tory Peterson.
p. 142. Collection de Monterey Bay Aquarium, Monterey, Californie. Photo: gracieuseté de l'artiste et de Mill Pond Press Inc., Venice, Floride. © 1984 Thomas Quinn.
p. 143. Collection de M. et Mme A. Hemstreet. Photo: gracieuseté de l'artiste et Mill Pond Press Inc., Venice, Floride. © 1983 John Seerey-Lester.

INTRODUCTION

«L'art animalier est une illusion», ai-je entendu dire et répéter, alors que je parlais avec les onze maîtres artistes dont les oeuvres sont reproduites en ces pages. Il s'agit précisément de savoir comment ils ont réussi à traduire l'univers tridimensionnel de la nature sur une surface plane, avec seulement quelques lignes et quelques pigments colorés; en cela réside le but essentiel de ce livre.

Le niveau de réussite de l'illusion dépend, en grande partie, de la compétence technique et de la puissance d'observation de l'artiste. Peindre la vie animalière impose la discipline de la précision. L'artiste néo-zélandais, Raymond Ching, fait remarquer que, contrairement à une coupe de fruits, où ceux-ci peuvent varier en grosseur et en couleur selon l'interprétation de l'artiste, une espèce particulière d'oiseau ou d'animal aura toujours les mêmes proportions et traits distinctifs, partout où il sera observé. «Si l'on veut dessiner un merle, il faut le dessiner avec exactitude, car il y a peu de place pour l'invention.»

Habileté et précision sont alors des aspects importants de ce travail, mais l'imitation aveugle de la nature ne produit pas d'art. «Tout véritable artiste animalier est aux prises avec quelque chose qui le dépasse», dit Bob Kuhn, qui a étudié, dessiné et peint des animaux avec une intense passion depuis l'âgé de cinq ans. C'est la manière typiquement personnelle avec laquelle chaque artiste choisit, souligne ou élimine certains éléments d'un tableau qui rehausse l'oeuvre et l'amène au delà du «réalisme».

Les moyens que les artistes animaliers utilisent pour parvenir à leur fin sont nombreux et variés, comprenant spécimens, animaux naturalisés ou photographies, mais l'élément essentiel commun à tous, reste une connaissance intime, de première main, ne pouvant être obtenue que par de nombreuses heures d'observation du sujet vivant sur le terrain.

Les artistes sélectionnés dans ce livre travaillent avec une grande variété de médiums, en des styles s'étalant du réalisme méticuleux à l'impressionnisme audacieux. Certains commencent par un dessin soigneusement détaillé, d'autres préfèrent capter l'essentiel d'un sujet par une esquisse rapidement enlevée, ou par des touches sommaires appliquées directement sur la surface finale. Les méthodes en peinture varient aussi selon l'artiste ou la situation. Beaucoup commencent par le sujet principal, d'autres par la scène complète; certains travaillent du sombre au clair, d'autres préfèrent le contraire, indépendamment du médium; quelques-uns peignent le tout d'un seul jet, d'autres commencent par une partie et travaillent méthodiquement toute la surface jusqu'à ce qu'ils l'aient terminée. Il n'y a pas «une» façon de peindre la vie animale.

Même ces professionnels accomplis n'ont pas atteint leur niveau actuel sans lutte. «Peindre et dessiner hardiment et bellement est un travail ardu», dit Thomas Quinn. «C'est de la magie pure lorsque la peinture semble naître d'elle-même au bout du pinceau.» Il commence chaque jour par des exercices d'observation et de dessin, débutant par une série d'ovales controlés avec un crayon à mine douce et finissant par une ou deux pages de hachures entrecoupées ou de configurations à l'indispensable plume-et-encre. Quinn s'efforce de quitter chaque jour son travail alors qu'il reste manifestement quelque chose d'urgent à faire, afin de laisser à son subconscient la chance de revoir le progrès, le but, les problèmes, et de lui fournir ainsi de nouvelles solutions graphiques.

Apprendre à partir du matériel présenté ici est une façon d'acquérir certaines des aptitudes nécessaires pour devenir un peintre animalier. Une autre méthode est d'étudier les tableaux dans les musées, depuis Rembrandt et Degas jusqu'aux expressionnistes abstraits. Finalement, chaque artiste doit trouver ses propres réponses, développer ses propres moyens d'expression, puis s'efforcer de rendre cette expérience personnelle accessible aux autres. «Ce que je veux faire, c'est peindre un tableau qui vous fera sentir ce que j'ai ressenti», dit Raymond Ching. Dans ce simple but réside l'essence de l'art animalier.

Susan Rayfield

OISEAUX DE PROIE

Robert Bateman

Raymond Ching

Guy Coheleach

Lars Jonsson

John Seerey-Lester

Raymond Ching, *L'Aigle royal*, 1983, huile, 35,5 cm x 45,7 cm.

Rendre les types de plumes

Guy Coheleach

Évanescente majesté

1984, gouache et acrylique, 76,2 cm x 101,6 cm

Coheleach couvrit la partie la plus sombre des rémiges primaires d'un lourd trait noir, puis les tacheta d'un mélange de bleu phtalo et d'ombre brûlée.

Quand Guy Coheleach reçut commande d'un des sujets pour lesquels il est le plus connu — les oiseaux de proie — il choisit un style qui lui a valu une grande renommée: le réalisme méticuleux. Le résultat *Évanescente majesté*, demanda des mois de préparation et impliqua la reprise soignée de plusieurs esquisses et dessins semi-finaux, ainsi que l'utilisation de photographies de référence et d'études de plumages.

Dans ce portrait, l'artiste révèle sa connaissance de la structure fondamentale de l'oiseau. Son plumage se compose de groupes de plumes qui changent de forme et de dimension selon l'espèce. Chaque oiseau a un nombre spécifique de plumes au sein de chaque groupe, ce qui constitue un trait aussi distinctif que le nombre de doigts pour la main humaine. Même s'il n'est pas toujours nécessaire de dessiner chaque plume, lorsqu'on désire le faire, le compte doit en être exact.

Le dessin final de ce Pygargue à tête blanche, parfaitement bien rendu, a été agrandi mécaniquement et reporté sur la planche à dessin. Les ailes déployées de l'oiseau montrent clairement l'agencement de ses longues plumes de vol gris bleu: les dix primaires étalées comme des lames de store vénitien et la rangée des douze secondaires, tout juste en dessous. Commençant par le haut de l'aile et protégeant le reste de la surface par un papier vélin à tracer, l'artiste peignit les primaires avec un mince lavis de gouache bleu phtalo et d'ombre brûlée, en utilisant un pinceau en poils de martre n° 7. Puis, il peignit les couvertures sous-alaires brunes avec un mélange de terre de Sienne naturelle et de terre de Sienne brûlée. Il compléta le bas de l'aile de façon semblable, en y ajoutant un pâle lavis pour souligner la réflexion de la lumière. Dans le cas où les deux ailes sont de formes et de dimensions égales, il renvoie souvent l'image de la première dans un miroir afin d'achever la seconde.

Le plumage du corps du pygargue fut soigneusement tracé, suivi par les douze plumes de la queue. Les serres et le bec furent peints en ocre jaune, rehaussé d'un jaune de cadmium primevère. Pour donner une apparence crayeuse à la tête et à la queue, l'artiste a mélangé du blanc à de la terre de Sienne naturelle, du bleu phtalo et de l'ombre brûlée. Comme touche finale, il ajouta un reflet grisâtre au sommet du poitrail de l'oiseau et le long de ses pattes, là où le plumage réfléchit la lumière.

La partie la plus importante de l'oiseau, la tête, fut gardée pour la fin. Vu de côté, l'oeil est oval et non pas rond, et le cristallin reflète le soleil en un éclat doré. Comme tous les oiseaux de proie, le pygargue a un sourcil proéminent qui projette une ombre sur le haut de son oeil.

Coheleach préfère utiliser l'acrylique comme fond parce que ce médium couvre bien. Ici, l'artiste voulait un cadre simple pour contraster avec le détail de l'oiseau. Il étendit donc un pigment assez liquide sur le tableau avec une brosse à poils raides de 2,5 cm, et l'estompa quelque peu afin d'obtenir une apparence plus douce. Après avoir fini le point de rencontre du ciel et de l'oiseau, il appliqua un peu d'acrylique sur le contour du pygargue pour le fondre avec l'arrière-plan et ainsi éviter que l'oiseau ne ressorte comme une découpure.

Saisir la forme et les motifs des ailes
John Seerey-Lester

Chasseur des plaines – Le Faucon des Prairies

1983, huile, 44,4 cm x 60,6 cm

Contrairement à la plupart des oiseaux de proie, le Faucon des Prairies se perche près ou à même le sol, à la recherche de rongeurs, reptiles et même de gros insectes. En plaçant l'oiseau à hauteur d'homme, l'artiste intensifie d'autant le sentiment d'un vaste espace ouvert. Les lignes de la formation nuageuse, en oblique de droite à gauche, et la pente du rocher de gauche à droite convergent sur le faucon comme le point fort du tableau. Le paysage, détaillé de façon complexe, n'enlève pas d'importance à l'oiseau, qui ressort en contraste frappant sur un vaste arrière-plan de ciel.

Comme dans tous ses tableaux, John Seerey-Lester débuta avec le sujet principal. Travaillant à partir de photographies et d'esquisses, il dessina le faucon sur la toile au fusain, puis couvrit la région de la tête d'un mélange de terre de Sienne naturelle, de terre de Sienne brûlée, de jaune de Naples et d'un peu d'ombre brûlée. Pour réussir le tableau, il était important de montrer la forme et l'agencement du motif décoratif de l'aile et des plumes du manteau. Pour l'accomplir, il peignit en premier le contour plus clair autour de chaque plume en blanc. Après que le pigment eût séché, il couvrit tout le dos de l'oiseau d'un mince lavis brun qui, en séchant, resta plus sombre directement sur la toile et plus pâle sur les zones blanches, faisant ainsi ressortir les bords des plumes. Puis, l'artiste détailla les parties plus sombres et détacha les bords des plumes par un mélange pâle d'ocre jaune et de blanc, et une touche de terre de Sienne naturelle.

Le plumage blanc du faucon fut tout d'abord peint de façon plus sombre grâce à un mélange de gris de Payne et de blanc, et les zones plus claires, rehaussées d'un frais blanc cassé. Puis, il ajouta des détails en couleurs progressivement plus pâles, couche par couche, pour donner l'illusion de la profondeur. Les parties plus sombres du faucon sont peintes avec un mélange d'ombre brûlée et d'outremer. Les pattes et la base du bec sont ocre jaune et jaune de zinc, avec une pointe de teinte chair. Les parties ombrées sont surtout d'ombre brûlée mélangée à du jaune de Naples.

Après avoir terminé l'oiseau, l'artiste peignit le ciel au pinceau ordinaire avec un mélange égal de bleu de cobalt et d'outremer. Il travailla de haut en bas, en ajoutant plus de blanc à mesure qu'il se rapprochait de l'horizon. Utilisant un fin pinceau à poils longs, il peignit les nuages supérieurs en blanc, avec une touche de jaune de Naples et de rose chair. Pour obtenir un effet doux et ouaté, il les fondit avec un pinceau sec, puis utilisa ses doigts pour moutonner les nuages inférieurs.

La saillie rocheuse, sur laquelle le faucon est perché, fut peinte en ombre brûlée et outremer. Sa surface éclairée est à dominance d'ombre brûlée, mêlée de beaucoup de blanc. Çà et là, l'artiste introduisit de l'ocre jaune mélangé de bleu de cobalt pour obtenir une teinte verdâtre, ce qui donne au rocher un effet d'érosion naturelle. Le paysage richement détaillé est un composé de nombreuses esquisses, photographies et d'échantillons de plantes. L'artiste ajouta enfin des sentiers dans les collines éloignées pour faire sentir la présence de l'homme dans le territoire de l'oiseau.

Seery-Lester commença par l'oiseau lui-même, puis continua à esquisser le ciel et le paysage. N'ayant pas encore décidé si le faucon serait perché sur un rocher ou sur une branche, il le laissa là en suspens. Puis, il finit l'arrière plan, modela l'oiseau en détail, et ensuite, acheva le rocher et le premier plan.

EXPRIMER L'ATTAQUE ET LA VITESSE
Robert Bateman

FAUCON PÈLERIN ET MARTINETS À GORGE BLANCHE

1976, acrylique, 101,6 cm x 152,4 cm

Plongeant abruptement en un puissant piqué, un Faucon pèlerin donne la chasse à deux Martinets à gorge blanche. Les oiseaux sont bien assortis: la vitesse-canon du faucon, dépassant 270 km/heure, ne sera probablement pas suffisante pour contrecarrer les rapides manoeuvres aériennes de sa proie. En choissisant les falaises des Rocheuses comme fond de scène, l'artiste était conscient que les motifs bigarrés du roc nu et des couléees de neiges feraient écho au plumage gris bleuté et blanc des deux oiseaux.

Pour accentuer le piqué dans l'espace du faucon, l'artiste choisit un format vertical, soulignant l'impression de mouvement descendant en diminuant graduellement le nombre de détails du paysage. Il explique: «C'est une composition mouvante qui se balance comme un rideau de dentelle solidement attaché en haut, mais flottant en bas. La partie supérieure est très précise, vivante et géométrique, presque comme des blocs de construction. Puis la neige semble glisser vers le bas du tableau de plus en plus vite, pour finalement se changer en vapeur.»

Bateman amplifia l'attaque du faucon en mobilisant même le cadre, qui est la ligne la plus puissante d'un tableau. Il laissa un très faible espace entre le cadre et le bout de son aile, pour permettre à l'oeil de glisser du bord du cadre vers le bas, propulsant ainsi visuellement l'oiseau vers l'avant. L'artiste déforma aussi la ligne de l'aile, la redressant et la rehaussant de blanc, pour la faire agir comme une flèche allant vers l'oeil du faucon, son bec, puis fonçant vers sa proie.

Les martinets, piaillant de peur, effectuent un rebond après un rapide plongeon, donnant ainsi à la composition une forme en crochet, tel un claquement de fouet. Le mouvement des oiseaux est accentué dans le paysage par les chutes de neige verticales et par la suggestion voilée d'une ligne d'arbres au pied de la montagne, ce qui soutient le bas du tableau et projette encore l'oeil vers le haut. L'oeuvre complète fut réalisée avec seulement quatre couleurs: outremer, ombre brûlée, ocre jaune et blanc, plus un soupçon de jaune de cadmium pour accentuer la base du bec du faucon.

Bateman fit une esquisse du faucon sur bristol qu'il découpa et colla sur le tableau dans différentes positions, afin de déterminer son juste emplacement. Les martinets furent peints à partir d'esquisses et d'un spécimen.

Suggérer le mouvement en un style impressionniste libre

Guy Coheleach

Moment décisif

1980, huile, 91,4 cm x 182,8 cm

La confrontation entre prédateur et proie, vie et mort, est un thème prédominant dans l'oeuvre de Guy Coheleach. Ici, un Aigle royal cerne un Lièvre de Townsend, les serres tendues au moment où il freine pour la mise à mort. Le lièvre réussira-t-il à se mettre à l'abri? Cette huile fut inspirée par l'oeuvre d'un maître du début du 20e siècle, Bruno Liljefors.

Pour Coheleach, une grande partie du travail sur un tableau est réalisée à l'étape du croquis. Il commence par une ébauche afin d'établir la composition, puis sélectionne une douzaine de petites esquisses du sujet parmi des centaines qu'il a faites au cours des années. Dans ce cas-ci, il a exécuté plusieurs esquisses de l'aigle sur vélin à dessin en variant les positions du corps et raffinant certains détails anatomiques. Il en a ombré quelques-unes pour s'assurer du bon modelage, selon une photographie de ses dossiers montrant le dessous d'un aigle avec l'éclairage voulu. Après avoir fini l'esquisse choisie, il l'agrandit et la reporta directement sur la toile en acrylique noire, utilisant les mêmes proportions que celles utilisées dans l'ébauche préliminaire. Dès lors, le dessin final était décidé et peu de changements y furent ensuite apportés. Le même procédé fut utilisé pour le lapin.

L'artiste commença l'application des couleurs en établissant les valeurs les plus sombres et les plus claires de l'aigle, technique qu'il emploie pour éviter d'avoir à modifier sa gamme de couleurs plus tard. Utilisant un pinceau large en soies de porc, il travailla rapidement, étalant les noirs profonds des ailes, de la poitrine et de la queue avec du bleu phtalo et de l'ombre brûlée. Après le traitement des couleurs sombres, il appliqua de l'ocre jaune au bec et aux pattes. Puis, il peignit les tons gris des ailes avec un mélange de violet, d'ombre naturelle et d'ocre jaune. Finalement, il rehaussa le bec et le dessous des pattes avec du jaune de cadmium pâle, sorti directement du tube.

Le lièvre fut rapidement ébauché en ocre jaune, en ombre brûlée et outremer pour élaborer les zones plus sombres et en blanc pour le bas des oreilles, la croupe et la queue. Les larges coups de pinceaux donnent un effet inachevé et spontané. Ces mêmes couleurs, en proportions différentes, et étalées à grands coups, rendent à la fois les ombres et la neige. Coheleach, qui peint avec divers médiums, tout en sachant maîtriser les petits détails, a choisi de travailler cette huile d'une façon libre afin d'exprimer le sens du mouvement et l'urgence du moment.

Vues de près, les serres de l'aigle ressemblent à un barbouillage impressionniste, peint en pâtés de jaune ocre de plus d'un centimètre d'épaisseur.

Manipuler ombre et lumière

Robert Bateman

Bateman fit plusieurs esquisses miniatures pour déterminer la juste position de l'effraie par rapport aux pierres tombales et pour vérifier l'équilibre de l'ombre et de la lumière.

EFFRAIE DES CLOCHERS DANS LE CIMETIÈRE

1979, huile, 40,6 cm x 50,8 cm

Pâle, silencieuse, mystérieuse, une effraie glisse devant l'entrée d'une ancienne église du Wiltshire, en Angleterre. À maintes occasions, Robert Bateman passa des soirées dans les environs, en quête d'oiseaux, tout en admirant la texture des vieilles poutres et des pierres dressées là depuis bien des siècles.

Même s'il n'a vu cette scène précise, l'artiste a voulu peindre un tableau qui donnerait l'impression d'être dans une église au petit matin. Pour construire un décor qu'il n'avait pas vraiment observé à cette heure inaccoutumée du jour, il dut jouer avec la lumière et imaginer l'emplacement des ombres à ce moment-là. Il s'attacha particulièrement à faire entrer assez de lumière dans le bâtiment, sans perdre le contraste entre son intérieur sombre et la cour éclairée.

Il commença la composition en situant l'entrée, puis joua avec la position de l'effraie et finalement plaça les pierres tombales en relation avec l'oiseau. Pour assurer l'équilibre de la scène, il peignit tout en une fois, travaillant les divers éléments avec une couleur avant de passer à la prochaine.

L'effraie fut peinte avec un blanc plutôt transparent qui fut atténué d'ombres. «J'utilise mes ombres et lumières comme des atouts», explique Bateman. «La forme et un éclairage harmonieux sont plus importants que la couleur originale.» L'effraie vole audessus d'une herbe brillante qui agit comme lumière réfléchie, reflétant du vert sous l'oiseau. Les ombres sur l'oiseau blanc prennent une teinte verdâtre à cause du chevauchement d'ombres bleutées et de zones jaunes éclairées; de plus, le vert exprime aussi un sens spirituel, élément important d'une telle scène. Il explique: «Les rares fois où j'ai vu une effraie ont été d'une qualité inattendue. Chaque fois, j'étais en train de rôder paisiblement près de vieux édifices. Me sentant un peu comme un intrus, j'étais saisi par son coup d'aile silencieux. Était-ce mon état d'âme ou la pâleur surprenante de l'oiseau et son apparition fugitive qui me faisait aussitôt penser à un spectre.»

Outre sa palette habituelle d'ombre brûlée, outremer, ocre jaune et blanc, Bateman ajoute çà et là un peu de bleu de Prusse — sur la vieille serrure et dans l'herbe — pour ajouter quelques touches de fraîcheur.

Saisir de subtils motifs de couleurs

Lars Jonsson

Jonsson sentit qu'il était nécessaire de faire des croquis du nid et des petits pour bien comprendre les grands-ducs. Il esquisse souvent en observant au téléscope, ce qui lui permet de se rapprocher suffisamment pour se sentir dans l'intimité du sujet, tout en l'aidant à simplifier l'environnement.

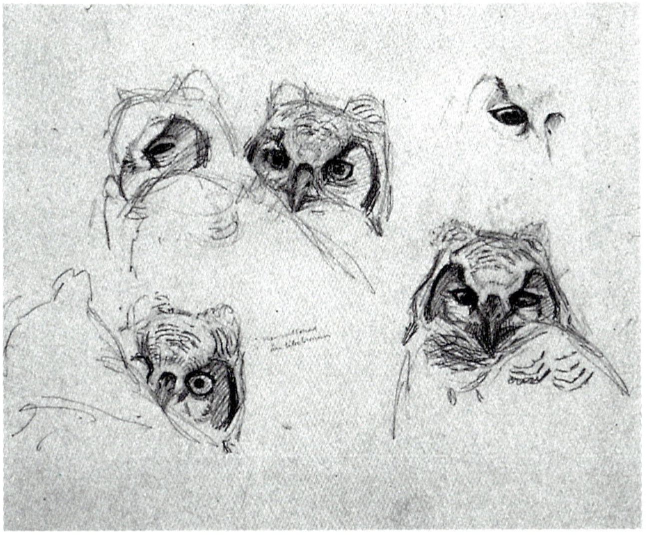

GRAND-DUC D'AMÉRIQUE

1984, aquarelle, 48 cm x 36 cm

Un des premiers sujets que l'artiste suédois Lars Jonsson observa et dessina, lors d'une visite printanière en Amérique, fut le nid de ce Grand-duc d'Amérique; ce nid, haut perché dans une pinède du sud de la Floride, avait en fait été abandonné par un Pygargue à tête blanche. Tout d'abord attiré par les jeunes oiseaux, il en fit plusieurs esquisses avant de remarquer une femelle adulte paisiblement perchée parmi les branches juste en dessous. «J'ai immédiatement pensé: voilà ce que je veux peindre!» dit l'artiste. «Quand je travaille sur le motif, je ne suis jamais sûr du résultat. Je ne planifie pas un tableau pour une galerie. Je le fais parce que c'est ma vie de le faire, parce que j'aime ça. Mais quand je vois un sujet à peindre qui m'attire vraiment, je sors et en fais des études.» Jonsson réalisa une série d'esquisses au crayon et peignit une aquarelle ce même soir, puis retourna sur le site et termina une seconde étude quelques jours plus tard.

L'artiste se concentra sur les yeux du hibou et sur son expression, laissant sa silhouette se fondre avec son entourage, exactement comme il l'avait vu. Tous les hiboux ont un plumage duveteux, bien adapté à leur vol silencieux. Souvent, on ne voit pas le détail de chaque plume; ce que l'on voit plutôt est un motif global de couleurs subtiles: brun, ocre, gris et blanc. Pour rendre cette impression, l'artiste évita les bords francs et peignit les plumes de façon souple.

Quand Jonsson commence une aquarelle, il étend d'abord une teinte de fond sur laquelle il peut peindre. Ici, il a utilisé un mélange d'ombre brûlée, d'outremer et de noir d'ivoire, et dilua ce même mélange pour le dos et les ailes de l'oiseau et les zones d'ombre de l'arbre. En travaillant, il prit soin de laisser un cerne blanc vif là où certaines parties du hibou (poitrine et aigrettes) captaient la lumière. Le reste de l'oiseau fut vaguement fondu dans l'arrière-plan.

Jonsson laisse habituellement les couleurs de l'entourage se fondre avec certaines parties de l'oiseau, afin d'éviter qu'un contour trop marqué fasse ressortir le sujet comme un découpage sur l'arrière-plan. L'artiste simplifia le plumage, n'essayant pas de rendre chaque ligne du motif complexe, mais en en mettant juste assez pour faire sentir l'impression de détail. Dans certaines parties, il travailla en mouillé sur mouillé afin d'adoucir l'effet, comme dans les zones où le vert est diffus sur l'aile. Ailleurs, comme à l'arrière de la tête, il enleva un peu de couleur en repassant un pinceau mouillé, puis l'épongea avec un papier absorbant. Cette technique donne aussi une impression de légèreté et de luminosité.

Pour les aiguilles de pin, l'artiste utilisa du vert de Hooker atténué d'ocre jaune. Ici encore, il décida de ne pas peindre chaque aiguille, mais là où il voulait des lignes plus précises sur l'oiseau, il a mélangé le vert avec de la gouache blanche. Les rayures sur la poitrine et les détails de la face du hibou furent posés en dernier. La partie rouille sur la joue est un mélange de rouge Windsor, d'ombre brûlée et d'ocre jaune. Le sourcil proéminent ombre la partie interne de l'oeil que l'artiste a peint en un doré plus terne. Plus tard, cette aquarelle servit de modèle pour un grand tableau à l'huile.

Espace positif et négatif

Robert Bateman

BUSE PATTUE SUR UN ORME

1966, acrylique, 91,4 cm x 121,9 cm

Ce tableau est l'oeuvre-clé de Robert Bateman, car il marque son passage de l'expressionnisme abstrait au réalisme. Cette peinture fut commencée en 1961, en tant que dessin en noir et blanc purement abstrait de l'arbre, à l'époque où l'artiste était fortement influencé par l'oeuvre de Franz Kline et par la calligraphie orientale.

D'une fenêtre du premier étage d'une maison campagnarde, Bateman découvrit un point de vue intéressant d'où il pouvait admirer un vieil orme magnifique. Frappé par la puissance des espaces positifs et négatifs, créés par ces troncs et ces branches sombres, il en fit un portrait audacieux, en quelques traits de pinceaux seulement,

Au cours des trois années qui suivirent, l'artiste vit une exposition des peintures d'Andrew Wyeth, événement qui allait radicalement changer son orientation. Bateman explique: «C'était là un artiste impliqué dans le monde vrai; il n'était pas intéressé seulement à une surface à peindre, comme je l'étais alors. Quand je vis l'exposition Wyeth, la lumière se fit, et je réalisai que j'étais attiré par les distinctions entre les arbres autant que par les masses de forme et de couleur. Je revins donc au naturalisme, mais gardai l'impressionnisme et le cubisme comme concepts sous-jacents aux idées picturales.»

Il décida de modifier l'orme abstrait, en ajoutant de la texture à l'écorce et en structurant tout d'abord les formes massives de l'arbre, pour ensuite les raffiner peu à peu. Il commença donc par gratter les croûtes noires de peinture à l'huile, à l'aide d'une lame de rasoir, puis dessina les larges arêtes entrelacées de l'écorce en gris de Payne mélangé de blanc et d'un peu d'ocre jaune. Ces zones furent segmentées par de petites ombres noires en forme de crochet faites au gris de Payne et ombre brûlée délicatement rehaussées.

Il dissémina des couleurs sombres et quelques teintes plus claires sur toute la surface pour former les crevasses de l'écorce. Après avoir ajouté de petits flocons foncés avec un pinceau fin, il appliqua quelques touches d'orange, de vert, et de jaune-vert, pour simuler des touffes de lichens accrochées à l'écorce. Finalement, il ajouta partout un très mince lavis noir pour sculpter la surface et créer de petits sillons rejoignant les zones entrelacées.

La frise délicate, formée par le bout des branches, pend devant les troncs massifs et forme un arc traversant le tableau en un mouvement de balançoire. Utilisant un pinceau n° 2, Bateman les dessina avec soin, exactement comme il les voyait, en blanc et ocre jaune. «J'essayais de penser et de sentir ce que chaque branche faisait, et j'ai gardé en tête que les bouts étaient pointés directement vers l'observateur et non pas de profil.» Pour modeler les formes, il ajouta des ombrages en ombre brûlée avec un peu d'ocre jaune et du gris de Payne. La couleur des ramilles est plus rouge et plus chaude que celle de l'arbre, ce qui les fait mieux ressortir. Cela devint un élément abstrait formant une bande de dentelle au haut de la peinture.

PRÉDATEURS ET PROIES: LES GROS ANIMAUX

Robert Bateman

Ken Carlson

Bob Kuhn

John Seerey-Lester

Robert Bateman, *Au pays impressionnant du Wapiti*, 1980, 60,9 cm x 119 cm.

Rendre la fourrure par la technique de la brosse sèche

John Seerey-Lester

Comme on le voit dans ce gros plan, des portions de cette toile en coton épais apparaissent dans l'oeuvre finale, donnant à la gueule du Couguar une apparence givrée. Ses yeux extraordinaires sont la clé de ce tableau.

Guet hivernal — Le Couguar

1983, huile, 60 cm x 45,4 cm

Un magnifique couguar mâle observe de son abri retiré, le regard fixé sur quelque chose au delà de l'observateur. Pour John Seerey-Lester, les yeux d'un animal sont la partie la plus importante d'un tableau, et il les faits toujours en premier, sachant que s'ils ne sont pas convaincants, le reste de l'oeuvre ne vaudra rien. Ici, il indique leur courbure d'un rehaut blanc qui accroche le soleil et par un pâle lavis, au bord intérieur qui reflète la neige environnante. La partie supérieure de l'oeil, protégée par le sourcil, est plus sombre. Comme les yeux des couguars deviennent plus bleus avec l'âge, l'artiste a peint les yeux profonds de cet animal adulte avec un mélange de bleu de cobalt et de blanc.

Le dessous du corps du félin est peint avec un mélange dilué d'ombre brûlée, de terre de Sienne brûlée et d'outremer, qui, dans l'oeuvre finale, rejoint la région du nez. Avec un large pinceau sec, l'artiste structura la riche fourrure fauve en esquissant des zones terre de Sienne brûlée et terre de Sienne naturelle, avec des coups de pinceau hardis pour donner l'illusion de fourrure, sans peindre individuellement chaque poil. Il peignit la fourrure du poitrail et de l'arrière-train en appliquant un mélange de blanc, de jaune de Naples et un peu de rouge avec une brosse éventail, le mélangeant ensuite avec les doigts pour donner un effet plus nuancé.

Le jeu d'ombre et de lumière sur l'épaule ajoute de l'intérêt et aide le félin à se fondre avec l'arrière-plan. L'artiste adoucit les contours pour éviter une ligne trop clairement définie, qui aurait donné une silhouette trop précise au couguar. Initialement, l'animal était assis dans l'herbe et l'arrière-plan était beaucoup plus clair. L'artiste peignit les arbres et les feuilles avec assez de détails au début, puis il ajouta au pinceau sec de l'ombre brûlée, de l'outremer, du pourpre sur cette zone afin de l'atténuer et la mettre en retrait. Le résultat offre une apparence sombre et feutrée. Les touffes d'aiguilles sur la droite, furent peintes par petits coups balayants en bleu de cobalt mélangé de jaune et de blanc avec un pinceau n° 1. Cela produit un contraste important et ajoute une note de fraîcheur à l'oeuvre par ailleurs plutôt chaude.

Seerey-Lester ©'83

PEINDRE DES TRACES D'ANIMAUX DANS LA NEIGE
John Seerey-Lester

PREMIÈRE NEIGE — LE GRIZZLI

1983, huile, 50,8 cm x 60,9 cm

Les gros animaux sont souvent peints sur un arrière-fond de neige, ce qui donne un contraste dramatique à leur fourrure sombre, et agit comme un simple contrepoint à la fourrure finement détaillée. John Seerey-Lester est particulièrement habile à exploiter les effets hivernaux. «Je commence toujours par peindre la neige comme si elle était légèrement à l'ombre,» explique l'artiste. «J'emploie une petite quantité d'argent métallique, de bleu de cobalt, de gris de Payne, et beaucoup de teinte chair et de blanc. Puis, je commence à structurer la surface selon l'angle du soleil ou de la lumière réfléchie.»

Ce tableau montre une neige fraîchement tombée, poudreuse en plein soleil, et parsemée de nombreuses traces d'animaux et d'oiseaux. Les flocons de neige, soulevés par la patte de l'ours, suggèrent sa légèreté. L'artiste a appliqué une teinte chair et du blanc mélangé d'un peu d'argent métallique comme couleur de base du fond ombragé, créant un effet de brillance et amortissant le blanc.

La fourrure du Grizzli a été composée à partir d'un lavis sombre d'ombre brûlée et d'outremer, auxquels furent ajoutés trait par trait des bruns riches: terre de Sienne brûlée, ocre jaune et une touche de terre de Sienne naturelle. L'artiste rehaussa la fourrure de l'ours par des flocons de neige accrochés à son poil, et ajouta un peu d'ombre pour lui donner de la profondeur.

Rencontre intime - Le Lynx roux

1983, huile, 121,9 cm x 76,2 cm

Dans ce tableau, le soleil est bas et une grande partie de la neige est dans l'ombre. Ici, les amoncellements de neige dure recouverts d'une croûte glacée sont vierges, sauf pour les traces du lynx et d'un lièvre. Seerey-Lester peignit les ombres de ce tableau avec plus d'argent métallique que d'habitude et ajouta un peu de bleu de cobalt au blanc et au rose chair. Les zones plus éclairées furent peintes par-dessus les ombres et comportent une touche de rouge vif et de jaune de Naples, mélangée à du blanc pour leur donner plus de chaleur. La toile est grande, le lynx y est presque en grandeur nature, et les coups de pinceaux sont allongés et audacieux.

Les traces du lynx sont illuminées par une réflexion interne et paraissent plus légères que la surface de la neige. Il y a plus d'ouvrage dans les traces profondes du lynx que dans le reste du tableau. En fait, l'artiste vit cet animal en été; il s'aida aussi pour ce tableau de photographies et d'esquisses sur le terrain de traces en hiver, et recréa aussi les traces lui-même pour avoir un modèle visuel. La couleur chaude du lynx est reflétée sur les congères près de son corps. L'espacement des traces du lièvre, peintes également d'après des photographies et des croquis pris sur le vif, révèle avec précision son pas paresseux au moment où il quitte son bosquet, inconscient de l'approche du prédateur.

CRÉER UNE IMPRESSION D'ESPACE PAR UNE CHUTE DE NEIGE

Robert Bateman

De petites esquisses des principaux éléments détermineront la composition.

CHUTE DE NEIGE EN SOIRÉE

1979, acrylique, 71,1 cm x 121,9 cm

À la nuit tombante, un Wapiti mâle gîte à l'orée d'un bosquet de trembles, pendant qu'une partie de son harem se déplace vers le bas de la pente. La neige tombante et les arbres verticaux donnent une atmosphère tranquille, presque religieuse à la scène. Les flocons de neige ne sont pas tous sur le même plan, mais s'éloignent de plus en plus, en une série de voiles minces, créant ainsi une impression d'espace. «Dans cette peinture, vous devez penser,» dit Robert Bateman. «Il y a une atmosphère entre tous les éléments: le Wapiti mâle et les arbres derrière lui, les deux femelles et les arbres devant et derrière elles.»

Travaillant toute la surface du tableau en même temps, l'artiste projeta certains flocons et en peignit d'autres à la main, puis peignit différentes parties avant de revenir à la neige. Au début, l'effet ressemblait trop à un tissu à pois, ce qui interrompait le rythme que l'artiste tentait d'établir. Il atténua la surface complète par plusieurs lavis blancs transparents, ce qui donna l'impression de rideaux diaphanes de neige tombante, puis il l'estompa avec une petite éponge pour ajouter une apparence variée et légèrement texturée.

Il avait précédemment étendu une couche de neige en esquissant des traces foncées qui semblaient maintenant artificielles. Pour vérifier sa perception, l'artiste fit un sentier semblable à celui du Wapiti, à l'extérieur de son atelier, pendant une tempête de neige qui ressemblait à celle de son tableau. À sa surprise, il découvrit que l'intérieur des traces était effectivement plus léger que la surface. Il réalisa qu'il devait peindre la neige relativement sombre pour rendre l'effet plus exact, ce qui l'amena à la décision principale du tableau. «Je ne crois pas avoir déjà utilisé du blanc pur pour rendre la neige; elle renferme presque toutes les autres couleurs,» dit-il. «Mais je n'étais pas sûr de vouloir les traces *aussi* sombres, pour les faire paraître blanches.» Finalement, pourtant, il décida de continuer le dessus de la neige avec un traitement sombre. L'artiste traita la neige s'amoncelant sur le dos du Wapiti de la même façon qu'il représenterait de la neige sur une montagne. De petites touffes de poils retiennent plus de flocons, alors que des plis verticaux dans la fourrure en conservent moins, créant ainsi un intéressant motif de lignes brisées. La forme des bois du Wapiti est répétée dans la seule branche mise en évidence, créant ainsi une unité visuelle. D'autre part, les arbres verticaux guident l'oeil à l'intérieur du tableau, là où des lignes horizontales et diagonales l'auraient bloqué. Même si l'atmosphère est sereine et sans menaces, les oreilles des trois cervidés sont pointées vers différentes directions, attentives même au repos.

Créer une illusion de relief du pelage

John Seerey-Lester

Loups sur un promontoire

1983, huile, 55,9 cm x 74,9 cm

Trois membres d'une meute de loups, arrivent à une halte sur une crête après une dure course à la poursuite d'une proie, peut-être un orignal ou un caribou. Leur lourde respiration dégage de la vapeur dans l'air froid, et leur queue est pendante, ce qui indique qu'ils sont au repos et que leur agressivité est tombée. Cette peinture capte la douce qualité de la lumière d'un début de soirée sur la toundra, le soleil couchant derrière les animaux rehaussant leur manteau et projetant de longues ombres devant eux. La mince couche de neige au premier plan, laissant paraître quelques cailloux et des herbes, ajoute de l'intérêt et crée un contraste avec le détail du pelage.

Le manteau des loups fut recouvert d'un mince lavis d'ombre brûlée et d'outremer, puis structuré trait par trait par des ombres progressivement plus claires, afin de créer une illusion de relief. Leurs dos sont essentiellement peints d'ombre brûlée et de terre de Sienne naturelle; la couleur fauve de leurs faces, pattes et queues est un mélange d'ocre jaune, de jaune de Naples et de terre de Sienne brûlée, mêlé de blanc. Leurs langues sont terre de Sienne brûlée, blanc et teinte chair, assombri d'un peu d'outremer et de terre de Sienne brûlée.

Pour obtenir l'effet de respiration embuée, l'artiste a frotté très légèrement du bleu de cobalt avec du blanc sur la toile, avec un pinceau assez épais et touffu. Il garda le mélange sec utilisant les couleurs directement sorties du tube, sans térébenthine, et brossa plusieurs fois la surface, laissant complètement sécher entre chaque application.

Le ciel fut peint avec un pinceau domestique trempé dans un mélange égal d'outremer et de bleu de cobalt, et un peu de blanc. L'artiste travailla de haut en bas, ajoutant de plus en plus de blanc à mesure qu'il progressait. Pendant que le ciel était encore mouillé, l'artiste épongea avec une brosse large et sèche, afin d'enlever toute trace de pinceau. Puis, oeuvrant de bas en haut, il fondit les zones claires avec les endroits plus sombres. Les nuages de couleur lilas, que l'artiste mélangea avec ses doigts, annoncent la tombée du jour.

Le premier plan fut peint en dernier pour harmoniser les colorations et les textures entre le devant de scène et les sujets principaux. Il ébaucha d'abord la neige ombragée, utilisant une minuscule quantité d'argent métallique avec du gris de Payne et beaucoup de teinte chair et de blanc. Puis, il peignit les rochers en détail et fit ressortir les pousses d'herbes perçant à travers la neige, en se servant du bord d'une brosse éventail, y ajoutant ensuite le détail des brins d'herbe avec un pinceau fin à poils longs. Les herbes au soleil furent peintes en ocre jaune, jaune de Naples et blanc; les touffes plus sombres sont terre de Sienne naturelle, ombre brûlée et blanc. Finalement, l'artiste ajouta les zones de neige ensoleillées en teinte chair et blanc, plus une touche de jaune. Ensuite, il retoucha l'oeuvre au complet, rehaussant çà et là, tout en équilibrant l'ensemble des couleurs. Après avoir étudié l'oeuvre durant quelques jours, l'artiste décida que le loup du centre se fondait trop avec celui de droite; il renforça alors l'effet du soleil sur son pelage et illumina les zones ensoleillées sur ses pattes, afin de leur donner une apparence plus crispée.

Seerey-Lester exécuta plusieurs petites esquisses et études de composition. Travaillant à partir de notes de terrain, photographies et croquis, il dessina les animaux sur un papier vélin qu'il bougea sur la toile jusqu'à ce qu'il trouve leur bonne position. Reportant le dessin final (ci-contre), sur la toile avec un fusain, l'artiste le vaporisa au fixatif, ce qui lui permit d'appliquer des lavis à l'huile, tout en distinguant le dessin en dessous. Il commença le tableau par les loups eux-mêmes en débutant par les têtes, puis se déplaçant vers leurs

queues, travaillant du sombre au clair. L'artiste se concentra sur une zone à la fois, l'élaborant avec de petites quantités de toutes les couleurs qu'il pensait utiliser.

L'arrière-plan, qui fut peint directement sur la toile, sans dessin préliminaire, changea plusieurs fois au cours du travail. À un certain moment, il y eut une région boisée, mais sentant que cela nuirait aux loups, l'artiste la simplifia, ne conservant que le ciel et quelques arbres à l'horizon. À l'extrême droite, on peut voir une première version simplifiée de l'arrière-plan.

Bâtir la forme en couleurs réfléchies
Ken Carlson

Mouflons de Dall

1982, huile, 60,9 cm x 91,4 cm

Ce tableau est fondamentalement une oeuvre en brun et blanc, mais la force des couleurs utilisées en fait une peinture vivante. Ken Carlson en conçut l'idée alors qu'il observait un troupeau de mouflons dans la chaîne de l'Alaska au Parc national Denali. Frappé par le contraste entre les animaux blancs en pleine lumière et la paroi rocheuse sombre, il voulut recréer l'impression de lumière de cette fin d'après-midi, filtrant entre les pics et donnant aux cornes des mouflons un doux reflet saumon.

Pour établir la tonalité, l'artiste enduisit la surface d'un panneau de Masonite (Isorel) d'un mélange foncé de brun Van Dyck, d'alizarine cramoisie et d'outremer, dilué en lavis avec de la térébenthine. Les couleurs ont tendance à glisser sur cette surface en la tachant de façon variée et intéressante et Carlson laisse transparaître beaucoup de cette texture. La première couche séchée, il ébaucha les nuances, travaillant du sombre au clair et du clair au sombre, appliquant des jaunes et des rouges sur tout le tableau pour en conserver la chaleur. Avec un pinceau large et beaucoup de pigment il finit alors de peindre l'arrière-plan avec un mélange de vert émeraude, ombre brûlée et terre de Sienne brûlée. Puis, il peignit les mouflons et les roches du premier plan, et utilisa toutes les couleurs du premier plan dans les ombres des mouflons: bleu de cobalt, outremer, vert clair permanent, vert émeraude, terre de Sienne naturelle, et ombre naturelle, avec du jaune de Naples dans les zones éclairées.

«Si le soleil avait éclairé directement les mouflons, ils auraient été d'un blanc brillant et je ne voulais pas un animal d'un blanc pur,» dit l'artiste, qui donne fréquemment un éclairage arrière à ses sujets pour en augmenter l'intérêt. «En ramassant toutes les couleurs du paysage, j'étais capable de les refléter sur le corps des mouflons comme couleurs ombragées.»

Les mouflons sont présentés en contre-plongée et sont gros par rapport au tableau, ce qui crée une composition plus dramatique. Pour accentuer encore plus le contraste recherché, il ne montre pas le ciel. Des croquis de terrain et des photographies prises sur les lieux fournirent les premières documentations de l'oeuvre.

L'animal blanc peut être un sujet coloré s'il est en contre-jour et élaboré avec des ombres qui reflètent les teintes de son environnement. Le gros plan de la tête du mouflon, à gauche, contient du blanc, du jaune de Naples, de la terre de Sienne naturelle, du bleu de cobalt avec de l'ombre brûlée et du bleu de cobalt dans les ombres plus profondes. Carlson a utilisé beaucoup d'ocre jaune, de jaune de Naples et de terre de Sienne naturelle pour les cornes, puis les a avivées avec du vermillon pour obtenir un rose saumoné. L'ombre des cornes contient du vermillon et du bleu de cobalt. La tête du mouflon fut travaillée trois ou quatre fois, du clair au foncé et du foncé au clair, à mesure que l'artiste intensifiait graduellement les couleurs de base et ajustait des détails.

Les formes et les teintes des roches du premier plan ont été esquissées lors de l'application de la première couche. Carlson fit des retouches en vue d'adoucir certaines arêtes et en définir d'autres, mais il laissa une grande partie du premier jet pour conserver la spontanéité. Pour que les animaux ne semblent pas flotter, il les a ancrés au rocher, en rehaussant les roches avec du blanc qu'il a étendu en lourds coups de pinceau pour créer une texture intéressante.

ESTOMPER LES CONTOURS POUR ÉVITER L'EFFET DE SILHOUETTE

Ken Carlson

Carlson dessine sur un bloc à dessin, apportant des changements directement sur la pose précédente jusqu'à ce que le résultat désiré soit atteint.

Pour éviter un effet de halo créé par le contre-jour, Ken Carlson estompe certains contours sur les bois de l'élan, sachant que l'oeil de l'observateur continuera la ligne.

WAPITI BRAMANT

1982, huile, 33 cm x 45,7 cm

«Il semble toujours y avoir de la tension dans l'air quand les montagnes résonnent des meuglements des wapitis mâles cherchant bataille. En rut, ils peuvent être très dangereux, et on doit être prudent lorsqu'on les approche», dit Ken Carlson qui fut une fois attaqué et presque tué par l'un d'eux. Malgré le petit format de ce tableau, l'artiste a su capter la majesté d'un wapiti mâle en le faisant gros par rapport au format total. Ses pattes sont solidement plantées, et des coups de pinceau hardis donnent un effet de puissance.

Le wapiti se détache du paysage et s'y fond tout à la fois. Sa tête et son dos éclairés se découpent sur les arbres sombres, alors que son cou et ses flancs foncés tranchent sur l'herbe brillante. Dans les fortes ombres de l'arrière-plan et de l'élan, Carlson laissent certaines arêtes des andouillers se fondre avec la forêt sombre. Il évite ainsi une silhouette trop découpée, comme collée sur la toile, et permet à l'oeil d'élaborer les détails.

Le tableau fut apprêté avec des tons proches du travail final, dilués à la térébenthine, pour laisser transparaître une grande partie de l'esquisse au crayon. Puis, l'artiste peignit l'arrière-plan avec un mélange d'ombre brûlée, outremer, vermillon et vert oxyde de chrome. Pour éviter de salir ses couleurs, ce qui peut arriver lorsque des tons clairs sont peints sur des foncés, il laissa sécher complètement la peinture avant d'ajouter de subtils clairs-obscurs sur les arbres et les broussailles. La zone claire sur le devant du cou de l'animal a été adoucie et assombrie graduellement, pour qu'elle semble s'enfoncer au lieu d'avancer comme une ligne de lumière crue, ce qui aurait fait paraître l'arrière-plan comme un mur.

Le premier plan est un riche mélange de terre de Sienne brûlée, terre de Sienne naturelle, ocre jaune, jaune de cadmium clair, ombre brûlée, bleu de cobalt et blanc de titane. Toutes ces couleurs sont aussi employées pour structurer le corps du wapiti, pour qu'il reflète son environnement. «Il y a beaucoup plus de couleurs dans un animal à l'ombre que lorsque la lumière le frappe directement», dit Carlson. «Peindre un sujet à contre-jour permet l'utilisation de toutes les couleurs de l'arc-en-ciel.» L'artiste se référa aux photographies en couleurs prises sur place en y supprimant toutefois quelques arbres, rochers et broussailles pour avantager l'animal, et il ajouta de la végétation au premier plan pour compléter la scène. Il rehaussa aussi toute la coloration, afin d'évoquer une atmosphère d'aube.

AGENCER LES ÉLÉMENTS DANS UNE COMPOSITION
Bob Kuhn

COURS, LIÈVRE, COURS!

1975, acrylique, 50,8 cm x 91,4 cm

«Cette peinture est typique de plusieurs tableaux où j'arrive, après beaucoup de griffonnages, à un arrangement satisfaisant d'éléments conflictuels, que j'installe ensuite dans un cadre vraisemblable», explique l'artiste Bob Kuhn. Dans cet exemple, il créa les gestes du coyote et du lièvre, puis utilisa sa documentation pour vérifier les détails, telles les variations de pelage et de configuration. Agrandissant le dessin à l'échelle mécaniquement jusqu'au format définitif, il dessina les animaux sur du papier-calque et les déplaça sur le fond de Masonite (Isorel) jusqu'à ce qu'il trouvât le bon emplacement.

Le buisson central, qui semble exploser dans toutes les directions comme un feu d'artifice, fournit un tourbillon autour duquel tourne l'action. Kuhn saisit le caractère de l'attaque du coyote et la fuite du lièvre avec quelques simples traits de pinceau. Il donna le détail de leurs têtes et de leur expression, mais estompa les contours et négligea le détail de leurs arrière-trains et pattes pour augmenter l'impression de vitesse. De même, la végétation exprime le site: terrain broussailleux, aucune délimitation précise qui «ralentirait» la composition. La palette de l'artiste est restreinte, fidèle au terrain. Il ébaucha grossièrement le premier plan dénudé à l'aide d'un couteau et d'une éponge pour ajouter une texture de surface intéressante.

Kuhn utilise souvent un crayon fusain doux pour donner la texture au pelage, convaincu que cela ajoute un accent granuleux précis qui ne peut être obtenu avec un pinceau. Ici, les touffes de poils des oreilles du coyote et certaines parties du pelage du lapin furent rehaussées de griffonnages au crayon fusain et vaporisées au fixatif afin d'éviter les taches.

Toute sorte de documents peuvent servir à la «genèse» d'une peinture de Kuhn: quelques traits furtifs, une photographie intéressante, la juxtaposition de couleurs dans une autre peinture ou même une publicité de magazine, mais l'observation directe des animaux vient en premier lieu. «Le travail de terrain, pour moi, reste la pierre angulaire de l'art animalier», dit Kuhn. «Vous pouvez infléchir la connaissance que vous avez accumulée pour faire avancer les buts esthétiques de votre peinture, mais il vaut mieux posséder ce savoir en premier lieu. Si les faits sont le départ du voyage, la vérité en est l'objet.»

Kuhn travailla plusieurs variantes de coyotes chassant des lièvres, toutes avec des lignes de force circulaires, avant d'établir la composition finale. Son but est toujours d'être vrai par rapport à l'animal, et de capter l'essentiel de la scène aussi simplement que possible.

L'IMPORTANCE DE COMPRENDRE LE COMPORTEMENT DE L'ANIMAL

Ken Carlson

PREMIÈRES LUEURS DE L'AUBE

1984, huile, 60,9 cm × 91,4 cm

Placer un sujet familier dans un endroit inhabituel peut avoir pour résultat une peinture ayant un charme particulier. Ici, un ravin (arroyo) ombragé ou desséché allège la monotonie du paysage broussailleux du sud du Texas et sert d'arrière-plan à deux Cerfs de Virginie mâles. Le jeu d'ombre et de lumière du tableau ajoute de l'intérêt.

«Quand vous placez deux animaux ou plus ensemble, vous devez démontrer une compréhension de leur interaction», dit Ken Carlson. «Dans le cas présent, le plus gros cerf ne peut tolérer la présence que d'un plus jeune mâle comme compagnon de voyage à l'automne. Un observateur initié découvrirait rapidement une erreur de comportement. Une bonne connaissance du comportement animal élargit la gamme de sujets à peindre.»

La palette de couleurs de Carlson fut guidée par la saison, et l'éclairage, par le moment de la journée. Les parties du cerf éclairées par le soleil furent peintes avec un mélange de terre de Sienne naturelle, d'ocre jaune, de jaune de Naples et de terre de Sienne brûlée. Les ombres sont indiquées en terre de Sienne naturelle, vermillon, bleu de cobalt et terre d'ombre brûlée. L'artiste peignit le côté sombre des andouillers en premier, pour établir le jeu de lumière, mettant en valeur les arêtes vives des ramifications pour leur donner une impression de dureté.

Dans la végétation on trouve un véritable étalage de couleurs de vert oxyde de chrome, vermillon, jaune de Naples, jaune de cadmium pâle, ocre jaune, terre d'ombre brûlée et terre d'ombre naturelle. La position du cactus au sommet du ravin aurait pu nuire à la scène. En le peignant en teintes neutres et en quelques larges touches seulement, Carlson put lui donner sa forme spécifique pour qu'il rehausse le paysage, sans toutefois nuire au centre d'attraction.

Pour se rafraîchir la mémoire, l'artiste utilise souvent des photographies qu'il a prises des sujets et du décor, et se réfère à des illustrations pour divers détails anatomiques. Carlson rappelle toutefois qu'un artiste doit apprendre à supprimer les distorsions photographiques car l'appareil photo tend à aplatir et raccourcir les objets. «L'expérience de terrain est de première importance. Elle me donne des idées de pose, cadrage et atmosphère. Je vois et sens les choses qu'une illustration ne peut capter, et mon esprit retient l'essence d'une scène, ce que je ne peux extraire d'une photographie.»

Carlson ébauche la pose d'un sujet sur du papier-calque, redessinant en superposition les parties qu'il désire changer. Ici, en raccourcissant et épaississant le cou, grossissant le corps, écartant les pattes antérieures et étirant les postérieures, il change un jeune cerf (à droite) en un cerf plus massif, plus adulte (extrême droite).

KEN CARLSON

Regrouper les animaux dans leur milieu naturel

Ken Carlson

Antilopes d'Amérique au printemps

1980, huile, 60,9 cm x 91,4 cm

Ken Carlson fut incité à peindre cette scène en voyant un troupeau d'Antilopes d'Amérique broutant dans les buissons d'armoise et les fleurs sauvages printanières, cadre différent des tons brun or de l'automne avec lesquels elles sont le plus souvent associées. Le paysage de la prairie du Wyoming, avec ses collines ondulantes et ses buttes lointaines, détermina le format. Le contraste entre les animaux brun clair et les nombreux verts du tableau fut dicté par ce mois de mai, alors que la prairie est au sommet de sa coloration. Afin de conserver l'impression de grand espace, Carlson fit les animaux relativement petits par rapport au paysage, et peignit ceux de l'arrière-plan avec moins de détails pour suggérer la distance.

Le regroupement du troupeau a été délibérément planifié. «J'essaie de montrer diverses poses de façon à ce que l'observateur ne s'en lasse pas et que l'arrangement paraisse toutefois naturel», explique l'artiste. «En plaçant les antilopes dans différentes positions, il fut possible d'en éclairer quelques-unes de côté, alors que d'autres étaient en contre-jour, ce qui brisait la monotonie de les avoir toutes dans la même tonalité.» Carlson élabora la disposition du troupeau en déplaçant les calques d'un animal présenté dans différentes postures jusqu'à ce qu'il trouve le bon agencement.

L'artiste commença le tableau par le haut en établissant d'abord la couleur ambiante, puis il en assombrit peu à peu les valeurs et augmenta les détails à mesure qu'il s'approchait du premier plan. Il pâlit les buttes éloignées pour donner une impression de chaleur et pour éviter de distraire l'attention du sujet principal. La scène se passe à midi, aussi l'artiste utilise-t-il des couleurs pures, plutôt que les tons plus chauds du petit matin ou la lumière d'une fin d'après-midi.

Il peignit la végétation d'un mélange de bleu de cobalt, vert émeraude, vert clair permanent, ombre naturelle et jaune de Naples, utilisant plusieurs nuances pour montrer les subtiles variations du feuillage. Les antilopes reflètent les couleurs du paysage, s'y fondant de la même façon qu'elles le font dans la nature. En plein soleil, leur pelage fauve est terre de Sienne naturelle, ocre jaune et jaune de Naples; à l'ombre, il est fait de terre d'ombre naturelle avec une touche de vert clair permanent. Les flancs des antilopes sont réellement plus verts que blancs, afin de refléter les buissons d'armoise. «Il n'y a rien de tel que la couleur de l'ombre», dit Carlson. «Chaque oeuvre doit avoir sa propre tonalité. Dans une de mes peintures, les ombres de l'animal peuvent être gris rosâtre; ici, elles sont gris vert. Elles reflètent toujours les teintes particulières à chaque décor.» La composition paisible et les couleurs assourdies de cette scène printanière rend bien le sentiment de paix que l'artiste associe souvent avec les troupeaux de ces douces antilopes.

Carlson utilise des esquisses de terrain et des études de couleur comme documents de référence pour ses travaux.

OISEAUX EXOTIQUES

Allen Blagden

Don R. Eckelberry

Allen Blagden, *Calaos casqués*, 1980, 55,8 cm x 76,2 cm

DESSINER EN VUE D'UN AUTRE MODE D'EXPRESSION

Allen Blagden

La taille de chaque oiseau étant différente, l'artiste décida de les équilibrer en leur donnant une pose semblable.

CALAO I

1980, aquarelle et graphite, 55,8 cm x 76,2 cm

Le portrait de ce Calao bicorne mâle fut commencé avec l'intention de le transposer en lithographie, et fut ainsi délibérément réduit en couleur et en format. L'artiste, Allen Blagden, avait besoin d'un sujet fort, essentiellement noir et blanc, qui se prêterait à un effet dramatique. Pour accentuer l'impact surprenant de sa forme sombre, il le peignit de profil, presque à plat, et de façon plus abstraite qu'il ne travaille normalement.

«La structure est en réalité une série de courbes complémentaires se déroulant vers le bas de la page», explique l'artiste. «J'avais la courbe du bec d'un côté, équilibrée par la courbe de la tête. L'épaule tombante faisait une autre courbe. J'aimais aussi la tache blanche sur l'aile qui rappelait le motif blanc sur la tête.» Après avoir fixé la silhouette, l'artiste élabora le corps du calao avec des couches de gris de Payne. Il fit des essais de son bec remarquable en permettant au modelé du crayon de transparaître à travers les lavis de jaune de Naples et de jaune de cadmium. L'oeil perçant est laque cramoisie; le noir sur la tête, noir d'ivoire.

La lithographie de Calao I requit trois passages de presse. Le premier: pour les traits de crayon délicats sur les plumes blanches de l'oiseau, le bec et l'oeil; le second: pour le reste des plumes; et le troisième: pour ajouter les noirs plus accentués. Chaque passage chevauchait le précédent, élaborant ainsi des couches transparentes de texture. Il colora à la main le bec et l'oeil pour l'édition complète, afin d'économiser sur les coûts de presse.

La version lithographique de Calao II reproduit fidèlement le dessin abstrait de l'aquarelle. Cependant, les tons, harmonieusement amalgamés de l'original, ont été traduits en un dessin plus linéaire aux contours mieux définis.

CALAO II

1980, aquarelle, crayons mine et de couleur, 55,8 cm x 76,2 cm

Calao II qui représente un Calao rhinocéros mâle, fut esquissé, tout comme Calao I, au jardin zoologique du Bronx, en grandeur nature, sur un bloc à dessin. Plus tard, Blagden transposa le dessin avec du papier-calque sur la surface finale: une feuille d'Arches (papier pressé à chaud). Il ombra au crayon le bec de l'oiseau, puis étendit plusieurs lavis transparents composés de jaune de Naples et d'un orange fait de jaune de cadmium mêlé de laque écarlate. Il peignit le corps du calao avec des lavis de gris de Payne et de noir d'ivoire, auquel il ajouta des traits de crayon bleu, donnant des rehauts légèrement iridescents.

Cette lithographie ne nécessita que deux plaques. L'artiste traça le bec et l'oeil sur une feuille de polyester clair (Mylar), renversa ensuite l'image qu'il redessina au crayon lithographique noir sur une plaque de zinc. À cette étape, il utilisa un miroir pour voir l'illustration dans le même sens que l'aquarelle originale. Ce procédé fut répété pour le corps du calao qui fut brossé sur une autre plaque à l'encre grasse (tusche). Les images des deux plaques se chevauchèrent pour donner l'impression finale qui renversa encore une fois le dessin le reproduisant selon l'oeuvre originale. Le premier passage requit de l'encre gris bleu foncé pour la couleur sombre du corps. Lors du second passage, de l'encre gris ardoise fut étendue au rouleau sur la plaque pour reproduire les détails délicats du dessin au crayon du bec et de l'oeil. Puis, l'artiste colora à la main le bec, l'oeil et les traits au crayon bleu sur tout le tirage.

ÉTENDRE DES LAVIS POUR STRUCTURER COULEUR ET FORME

Allen Blagden

Un dessin préliminaire établit que les épaules du pélican étaient cruciales pour l'équilibre de la composition. Plus tard, elles furent ébauchées en premier.

PÉLICAN LUNAIRE

1983, aquarelle, 66 cm x 101,6 cm

L'intérêt d'Allen Blagden à peindre des oiseaux repose souvent plus dans la représentation de leur caractère que de la forme et de la coloration d'une espèce spécifique. Même si ces portraits furent inspirés par des oiseaux africains, l'artiste les transforma en oeuvres génériques vraiment «audubonesques» en proportion et conception.

L'artiste juxtaposa les courbes de l'oiseau aux lignes droites de son bec. Il réalisa que la poche serait trop dominante si elle était en pleine extension, mais, fasciné par les stries, il les peignit en détail. La structure de l'oiseau fut élaborée en nuances gris de Davy, et en rose pâle et gris de Payne sur les ombres faites au crayon. Blagden crée du rose à partir d'un lavis très pâle de laque écarlate ou d'un mélange de jaune de Naples et d'une faible quantité d'écarlate. Le bec est à dominance jaune de Naples avec un peu d'ocre jaune. Avant d'appliquer l'arrière-plan sombre, Blagden masqua le pélican avec de la colle gomme (colle caoutchouc). Il mélangea une grande quantité de gris de Payne et de terre d'ombre brûlée qu'il appliqua généreusement au pinceau large, inclinant le papier de haut en bas pour que la couleur se répande sur toute la surface. Après l'avoir laissé sécher à plat, Blagden ajouta un autre lavis pour assombrir encore davantage la couleur finale.

L'artiste fit des essais de l'emplacement des oiseaux et de la disposition des couleurs avant de procéder au travail final.

FLAMANTS ROSES II

1980, aquarelle, 55,8 cm x 76,2 cm

Ici, Blagden désirait rendre l'élégance maladroite d'un oiseau, à la fois superbe et dégingandé. «L'air guindé de ces Flamants roses dicta la composition», explique-t-il. «J'aimais ce rose et cette couleur uniforme qui me permettrait de me concentrer sur leurs formes, élément primordial de ce tableau.» Il choisit de montrer les oiseaux lissant leurs plumes, et utilisa la courbe de leurs cous et la courbe extérieure de leurs corps, équilibrés l'un par rapport à l'autre, pour garder les images visuelles à l'intérieur des limites du papier. La structure de leurs pattes ajoute de la force. Trois ou quatre lavis de laque écarlate pâle, appliqués sur des ombres faites au crayon, ont construit les corps des oiseaux. Un peu de gris de Davy fut ajouté çà et là pour modeler les plumes qui, comme pour le pélican, furent peintes individuellement. Les becs sont ocre jaune avec le bout noir d'ivoire.

Blagden décida de faire ressortir les silhouettes des flamants sur le fond sombre et en les peignant en premier, il put conserver un contour défini. S'il avait commencé par l'arrière-plan, il aurait eu à amener le rose humide jusqu'au bord du gris qui aurait alors déteint sur les oiseaux. «Quand on peint un lavis sur de grands espaces, le truc est d'obtenir la même consistance partout», dit Blagden. «Je mélange la quantité de couleur que j'estime suffisante pour couvrir toute la surface, et quand j'incline le papier, elle s'étend doucement. Cela doit être fait très vite. Si je manque de couleur et dois en préparer d'autre, la première couche aura séché et l'effet ne sera plus égal.» Il utilisa un gros pinceau jusqu'à la ligne des pattes des flamants et remplit l'espace étroit avec un pinceau plus fin. Il contrôla les coulées en travaillant avec un lavis humide sur le papier sec. Vers la fin des deux tableaux, l'artiste épongea un peu de peinture avec un pinceau humide et du papier tissu pour créer une ligne d'horizon qui mit les oiseaux dans un environnement.

Cadrer serré pour augmenter l'impact

Allen Blagden

AIGLE BATELEUR

1983, aquarelle, 55,8 cm x 76,2 cm

Allen Blagden eut l'occasion exceptionnelle d'étudier de près un Aigle bateleur, en livrée parfaite, chez un ami au Kenya, en Afrique. Il fit son croquis alors que l'oiseau s'agrippait sur une main gantée, les ailes étendues pour garder l'équilibre. L'artiste redoutait les intentions de cette créature intelligente et la considérait avec un immense respect. Pour illustrer sa puissance sauvage, il décida de le peindre de face. L'artiste fit délibérément sortir les ailes du tableau au point central, et dessina le corps en perspective, pour accentuer l'impression d'affrontement. La tête de l'aigle est presque au centre de la composition au point de rencontre des ailes et des pattes, et son oeil brille d'un éclat perçant qui lui donne une intensité fulgurante.

Les courbes supérieures de l'oiseau le poussent vers le bas, alors que les courbes sous-alaires le remontent, suggérant ainsi un effet de parfait équilibre et de quasi-apensanteur. Voulant aussi accentuer les serres, l'artiste réussit à donner l'impression qu'elles ne faisaient qu'effleurer quelque chose de solide, et que l'aigle était sur le point de s'envoler. Le magnifique motif de couleurs de l'oiseau est partie intégrante de la composition. Ses serres et son bec brillants, peints de lavis pâles de laque écarlate, sont en contraste frappant avec le riche et sombre plumage. Son corps est fait de lavis de gris de Payne, avec du gris de Davy sous les ailes, et son dos d'un mélange de terre de Sienne brûlée et de chaud sépia. Pour conserver le bord des ailes franc, chaque plume est peinte individuellement, la forme étant donnée en tons foncés. Pour créer un semblant d'atmosphère, il étendit un lavis très léger de gris de Payne en arrière-fond, juste assez pour obtenir un degré plus foncé que la blancheur du papier.

Travaillant à partir du dessin original, l'artiste déplaça légèrement les pattes et cadra plus serré sur l'aigle, afin d'obtenir une composition plus dramatique dans l'oeuvre finale.

PEINDRE DES PLUMES CRÊPÉES À L'AQUARELLE
Allen Blagden

GOURA DE VICTORIA

1980, aquarelle et gouache, 76,2 cm x 55,8 cm

L'oeuvre d'Allen Blagden est remarquable pour sa parfaite maîtrise des structures et du détail des plumes. La coiffure incomparable du Goura de Victoria qui mesure près d'un mètre de haut, fut le thème du portrait de ces oiseaux, peints sur le vif, alors que l'artiste s'était installé dans leurs quartiers d'hiver au zoo du Bronx. Il regarda le sujet de façon purement esthétique, voulant deux formes qui se répéteraient de profil. Il cadra à mi-corps pour pouvoir attirer l'attention sur leurs têtes extraordinaires.

Les plumes délicates de la couronne furent peintes avec un pinceau en poils de martre n° 1, à la gouache extra-fine «designer» gris n° 1, et avec un peu de gris de Payne transparent, du violet Winsor et une pointe de bleu céruléum. Il laissa sécher complètement chaque zone avant d'y ajouter une autre couleur. Les corps des gouras furent d'abord ombrés au crayon, puis structurés de couches de violet Winsor et de gris de Davy transparent, et recouverts de gouache grise pour capter l'impression du doux plumage irisé. Ici, il renforça le sujet en gardant un arrière-plan dénudé, n'y ajoutant qu'un léger lavis pour donner l'illusion d'un environnement.

Cacatoès noir

1981, aquarelle, 76,2 cm x 55,8 cm

Dans *Cacatoès noir*, Blagden se donna comme défi de représenter la forme dans un style monochrome. Ici, les plumes des oiseaux se découpent comme des structures presque tactiles. Pour maintenir leurs contours bien définis, l'artiste peignit séparément chaque plume chevauchante, la laissant complètement sécher avant de passer à la suivante. Le mâle, à droite, est peint presque entièrement de gris de Payne. Blagden étendit d'abord un lavis moyen, puis retourna aux tons sombres, laissant soigneusement une mince ligne du lavis original au milieu de chaque plume pour indiquer la nervure centrale. Alors que la plume était encore humide, l'artiste inclina le papier pour que le lavis puisse sécher de façon plus sombre vers la base de la plume, augmentant ainsi sa densité. Puis, il revint au plumage, assombrissant quelques zones, et éclaircissant certaines autres par élimination. Il n'utilisa aucune peinture opaque. Les bords des plumes de la queue du cacatoès mâle sont d'un rouge Winsor vif. Le plumage de la femelle est un mélange de gris de Payne et de terre d'ombre brûlée. En peignant chacune de ses plumes, l'artiste laissait un petit espace pour les taches au bout de chaque plume, qu'il combla finalement avec du jaune de cadmium.

L'artiste peignit ces oiseaux rares au zoo de San Diego. «J'aimais ce couple d'oiseaux», dit-il. «Il faisait très chaud et la femelle se relaxait, l'aile pendante. Le mâle m'observait en train de le peindre et semblait vraiment poser. J'ai voulu rendre le caractère de sa vigilante surveillance.»

Capter le caractère spécifique d'un oiseau

Don R. Eckelberry

Momot à calotte rousse

1957, aquarelle et crayons de couleur, 25,4 cm x 35,5 cm

Don Eckelberry, peintre professionnel d'oiseaux depuis plus de quarante ans, poursuit ses essais sur différentes surfaces et divers médiums. «Je pense qu'il est très important d'être ouvert aux nouvelles techniques», dit l'artiste. «Nous développons tous des clichés et des habitudes; il est bon de les connaître et de savoir les mettre de côté pour foncer dans une nouvelle direction.» L'approche de la substance du sujet en est tout autant originale chez cet artiste.

L'artiste présente le Momot à calotte rousse dans une pose inhabituelle, mais qu'il jugea caractéristique de la personnalité de l'oiseau. Alors qu'elle ne serait pas convenable pour un guide d'identification, cette pose capte le caractère du momot mieux qu'aucun portrait fidèle ne saurait le faire. L'artiste le peignit en atelier, spécimen en main, et d'après des esquisses faites sur le vif au Mexique pendant d'interminables heures d'observation. Il eut envie d'explorer les possibilités du crayon de couleur et du lavis. Utilisant de l'aquarelle noire, il étendit un lavis gris comme demi-ton, puis ajouta dessus du crayon de couleur pour obtenir un effet de texture. Il travailla tout d'abord du clair au foncé, essuyant une couleur par dessus l'autre, prenant soin de ne pas trop épaissir les couches. Çà et là, il estompa l'arrière-plan avec son pouce, pour faire un dégradé.

COUCOU ÉCUREUIL

1975, gouache, 21,6 cm x 31,8 cm

Le Coucou écureuil est un oiseau plutôt gros de l'Ile de la Trinité où Eckelberry le peignit. Il est dessiné dans une posture voûtée, qui est typique à sa façon de se déplacer entre les branches. Les feuilles pendantes sont aussi importantes pour l'oiseau que pour la composition. L'oeuvre fut faite sur carton. L'oiseau fut presque entièrement peint à la gouache opaque, afin de capter sa coloration crayeuse. L'artiste mélangea beaucoup de blanc à ses couleurs. Comme la gouache durcit assez vite, les tubes ne furent pressés qu'en cas de besoin. «Pour un portrait décoratif comme celui-ci, je peins une surface, puis une autre, parce que je sais déjà ce que donnera l'ensemble. Je l'ai dans la tête», dit l'artiste. «Si c'était un tableau plus élaboré, avec un arrière-plan défini, je travaillerais simultanément sur toute la surface.»

Les parties supérieures de l'oiseau sont un mélange de blanc et de plusieurs bruns, comprenant du rouge indien et de la terre de Sienne naturelle. Le gris et le noir des parties inférieures, pattes et queue, sont des mélanges de noir, blanc et une touche de bleu. Pour obtenir de la brillance, là où nécessaire, il utilisa un rouge transparent pour l'oeil et un vert de vessie pour l'orbite et le bec. Des portions de sa queue sont quelque peu translucides avec une texture opaque pour mieux les définir. «Il faut utiliser tout ce qu'on peut pour obtenir un effet», dit Eckelberry. «Puisque les couleurs n'ont pas la même gamme que la lumière, vous devez forcer les choses. Ne craignez pas de compenser et distordre, pour aller au-delà.» L'artiste note que la tendance générale pour un débutant est de montrer les oiseaux s'accrochant désespérément aux branches, alors qu'ils sont réellement plus détendus et confiants. Dans ce tableau, les pattes de l'oiseau accrochent la branche librement.

DESSINER LES OISEAUX
Don R. Eckelberry

L'artiste obtint les bleus chatoyants de la tête de cette Amazone à joues vertes, avec des crayons de couleur.

Cette Conure à front rouge était un oiseau de volière que l'artiste utilisa comme modèle pour dessiner une autre espèce semblable reproduite à la page 61.

ESQUISSES D'OISEAUX

Crayons de couleur sur papier vélin

«Dans mes illustrations, l'étape du dessin est la plus importante, et celle à laquelle je consacre le plus de temps», dit Don Eckelberry, qui fait souvent plusieurs variations sur un même thème avant d'être satisfait. Il ébauche au crayon à mine tendre sur du papier vélin, puis il place un papier-calque dessus et répète le dessin en améliorant les meilleurs traits de l'esquisse. Plusieurs essais se superposent ainsi jusqu'au dessin final. Le papier-calque est ensuite inversé et tracé sur la surface à peindre.

La majorité de ses oeuvres sont faites sur carton Whatman pressé à froid. Pour ses croquis sur le vif, il utilise ce même papier collé et relié en carnet à dessin.

Sur le vif, Eckelberry prend beaucoup plus de notes concernant les couleurs qu'il ne fait d'esquisses, considérant que lorsque la mémoire visuelle s'estompe, les descriptions écrites précises sont plus utiles. Toutefois, lorsqu'il travaille sous les tropiques, où les oiseaux sont généralement haut perchés ou cachés par le feuillage dense, l'artiste capture souvent ses sujets dans des filets japonais qu'il tend tôt le matin. En attendant une prise, Eckelberry délimite un oiseau sur la page et crayonne une branche temporaire. Quand il a capturé son sujet, il le met dans une grande boîte recouverte d'une moustiquaire dessus et d'une vitre devant, d'où il le sort à l'occasion pour vérifier des mensurations ou l'examiner de plus près. Avoir un oiseau vivant donne à l'artiste quelque chose de plus vital et de plus direct qu'un oiseau empaillé. Pour lui éviter le plus de stress possible, il travaille rapidement, peignant l'oiseau le même jour et le relâchant avant la nuit; il achève l'arrière-plan le lendemain.

Énumérant quelques-unes des erreurs les plus fréquentes dans le dessin d'oiseau, Eckelberry commente: «Quand l'oiseau est vu de trois quarts regardant à l'intérieur ou hors de la peinture, la distance de l'oeil au bec est augmentée et non raccourcie perspectivement, parce que l'oeil et le bec sont sur deux plans différents. La largeur du crâne fait disposer l'oeil au delà du centre de la ligne crânienne. La facon dont l'oeil est placé est également importante; il n'est pas juste placé à plat sur le plan de la tête.» L'artiste souligne aussi que l'épaisseur des pattes d'un oiseau varie, de la tête au pied, et ne sont pas à proprement dit deux lignes parallèles. Il faut également dessiner le nombre exact de doigts et leurs positions devant ou derrière la branche, ainsi que le nombre exact de plumes et le chevauchement spécifique du plumage, si une description aussi précise est le but recherché. Finalement, il incite à la logique visuelle en combinant arrière-plan et premier plan pour éviter des extrêmes, telle une chaîne de montagne derrière un minuscule moineau.

Ce dessin d'un Trogon élégant, destiné à l'origine à un panneau vertical, devint le document-clé pour une huile qui parut en page couverture d'une revue scientifique.

Peindre des plumages verts

Don R. Eckelberry

Trogons, perroquets et martin-pêcheur des Caraïbes

1959, aquarelle, 40,6 cm x 59,7 cm

L'illustration de guides d'identification d'oiseaux requiert de bonnes connaissances artistiques, scientifiques et, une certaine intimité avec l'espèce présentée. Don Eckelberry qui a peint plus de 1250 sujets pour différents livres, y compris les Guides d'identification Audubon, fut le premier à délaisser la présentation de l'oiseau de profil sans perspective, et à utiliser l'ombre pour créer l'idée de forme. Cette planche fut peinte pour un guide des oiseaux des Caraïbes dans lequel l'artiste avait un nombre spécifique d'oiseaux à présenter, en un nombre de pages restreint. Puisque l'accent est mis sur l'identification, chaque oiseau est peint à l'échelle et disposé de façon à bien montrer ses traits les plus caractéristiques.

L'artiste arriva à cette mise en page en faisant pivoter des dessins d'oiseaux sur papier de soie jusqu'à trouver un équilibre agréable. Puis, il les silhouetta sur une feuille de papier-calque découpé au format voulu, retourna le papier de soie et retraça les oiseaux sur la surface du tableau, leurs positions étant maintenant renversées. En travaillant de cette façon, il conserva la qualité des dessins originaux et l'équilibre de la composition tout en gardant la surface finale propre. Les oiseaux furent peints grandeur nature pour éviter d'avoir à les remettre à l'échelle plus tard.

Pour les verts des plumages, l'artiste utilisa divers mélanges de vert émeraude et vert Véronèse Winsor. Habituellement, il s'abstient d'utiliser des teintes aussi intenses, à moins qu'il n'ait besoin d'un effet puissant, typique de la coloration de beaucoup d'espèces tropicales. Occasionnellement, l'artiste utilise des couleurs modifiées comme le vert de vessie et le vert de Hooker, mais il préfère créer ses propres verts à partir de jaunes, bleus et bruns. «Le vert sorti directement du tube est trop cru et on a tendance à être influencé par la violence de la peinture», dit Eckelberry. «Il n'en est pas ainsi dans la nature. Les verts ont plusieurs nuances, entre autres ocre vert, bleu vert, vert olive. Il est préférable d'obtenir l'effet voulu en mélangeant une variété de couleurs.» Lorsqu'il illustre des guides d'identification, il compense l'inévitable perte de qualité de la reproduction en donnant le plus de force possible à ses peintures, exagérant même certains éléments afin d'obtenir un résultat plus vrai.

Eckelberry dessine chaque oiseau au crayon, définissant le motif de son plumage, mais préférant suggérer plutôt que de dessiner soigneusement les plumes réelles.

LES PLAINES AFRICAINES

Robert Bateman

Guy Coheleach

Bob Kuhn

John Seerey-Lester

Robert Bateman, *Lionceaux, 1977, 60,9 cm x 91,4 cm*

Donner une impression d'action
Robert Bateman

MÂLE BLUFFANT — ÉLÉPHANT D'AFRIQUE

1979, huile, 60,9 cm x 99,1 cm

Un vieil éléphant mâle a interrompu sa charge et s'ébroue dans un nuage de poussière. La posture de ses flancs indique que sa menace manque de conviction et qu'il espère faire fuir l'intrus par un étalage de puissance.

Robert Bateman fit cette peinture à partir d'un éléphant en terre cuite à qui il manquait une défense et d'une série de photographies qu'il avait prises au parc national d'Amboseli au Kenya. Il réussit si bien à capter l'expression particulière de l'animal et son caractère, qu'une biologiste put identifier cet éléphant qu'elle avait déjà étudié, même si l'artiste lui avait ajouté une seconde défense.

Pour accentuer la confrontation dramatique, l'éléphant fut peint très gros et en gros plan, remplissant presque le cadre. La gamme de couleurs très limitée — ocre jaune, outremer, ombre brûlée et blanc — simplifie les éléments et accentue la banalité de la scène. Bateman traita la forme massive de l'éléphant comme une montagne émergeant de l'atmosphère, floue en bas et devenant mieux définie vers le haut. Pour donner la sensation de l'action, le mâle apparaît comme flottant, pas vraiment attaché au sol ou au cadre.

Travaillant sur un panneau d'Isorel (Masonite) apprêté de plusieurs couches de gesso et sablé après chaque application, il ébaucha la peinture directement sur le panneau sans esquisses préalables. L'artiste explique: «Je commence en essayant seulement de saisir l'action et la composition, et je jette la peinture à grands gestes audacieux pour obtenir les rythmes et les éléments principaux.» Il peignit d'abord l'éléphant en détail, puis l'estompa avec un glacis opaque à l'huile, appliqué à l'éponge. «Les éléphants représentent une sorte de masse terrestre», dit Bateman. «Les plis et replis de leur peau ressemblent à des collines et des vallées. Chaque centimètre carré d'éléphant a une texture différente, avec un type différent de rides, et un caractère de surface différente.» L'arrière-plan mouvant fournit un champ négatif puissant et délimité s'opposant à la forme positive intéressante de l'éléphant lui-même.

Mâle bluffant *fut le résultat de minuscules esquisses d'animaux vivants; l'imagination de l'artiste inventa l'action.*

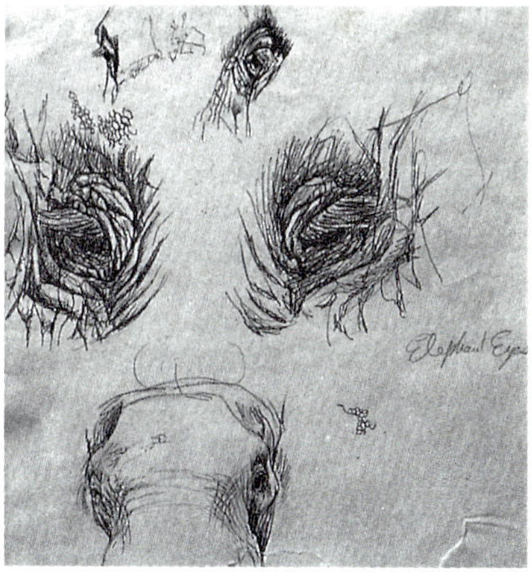

Pour Bateman, les yeux sont le miroir du caractère d'un animal et il les observe toujours en premier lieu. Ici, il travaille la position des yeux d'un éléphant, en tenant compte des replis de peau qui les entourent.

ÉTUDES DE COULEURS AU PASTEL SUR LE VIF

John Seerey-Lester

COURSE CONTRE LE FEU

1979, pastel, 38 cm x 50,8 cm

Quand il est sur le terrain, John Seerey-Lester trouve plus facile de faire des études de couleurs au pastel qu'à l'aquarelle. Il fait tout d'abord une esquisse très rapide, simplement pour définir la forme et noter les couleurs. De retour au camp, il fait un pastel plus élaboré, sur lequel il peut mettre quatre ou cinq heures. Plusieurs de ces pastels deviennent plus tard des documents de référence pour des peintures à l'huile.

Il préfère un carnet à dessin pour aquarelle à surface rugueuse au papier à pastel, laissant souvent transparaître sa texture. Il garde une centaine de teintes différentes sous la main, car au pastel, il n'est pas possible de mélanger les couleurs sur une palette, comme on peut le faire à l'huile. Travaillant du clair au foncé, l'artiste délimite d'abord le sujet principal et l'arrière-plan, mélangeant les couleurs avec ses doigts. À ce stade, le pastel paraît comme flou. À mesure qu'il applique couleur après couleur, l'oeuvre se précise, mais elle ne sera jamais très détaillée. Entre chaque opération, la surface est vaporisée de fixatif, ce qui évite le barbouillage, et permet de continuer à travailler sur les couleurs déjà appliquées. Il peut vaporiser un pastel une cinquantaine de fois avant de l'avoir terminé, ajoutant encore des rehauts après chaque application.

Dans *Course contre le feu*, l'artiste voulait montrer le tourbillon de poussière et l'action des zèbres en débandade sur la plaine africaine. Au début, les animaux ressemblaient à des chevaux blancs sur du papier blanc, puis des ombres furent ajoutées en mélangeant du bleu pâle à de l'ocre jaune, du jaune de Naples et un peu de teinte chair. Vaporisant la surface de fixatif après chaque opération, il a alors délimité l'arrière-plan et ajouté les rayures sombres des zèbres avec un brun Van Dyck et un peu de bleu.

AVANT LES PLUIES — ZÈBRES

1982, huile, 60,9 cm x 76,2 cm

Cette huile, intitulée *Avant les pluies — Zèbres*, résulte de plusieurs esquisses au pastel. Elle fut inspirée par la période juste avant la saison des pluies en Afrique, alors que le soleil brûlant contraste avec le ciel assombri et que des tempêtes de sable se dessinent souvent à l'horizon. Les zèbres furent peints en blanc avec un peu de jaune de Naples, puis leurs zones ombrées furent recouvertes de teinte chair et de bleu de cobalt, auxquels fut ajoutée une touche de jaune. L'artiste note que même si les ombres sur les objets blancs semblent être gris-bleu, elles doivent contenir un peu de jaune lorsqu'elles reflètent une surface ensoleillée. Pour empêcher le mélange de jaune et de bleu de devenir verdâtre, il ajoute toujours une touche de teinte chair.

Les rayures des zèbres sont terre d'ombre brûlée, mélangé d'outremer dans les parties plus foncées et de blanc dans les parties plus claires. L'artiste prit soin de peindre le pelage du jeune zèbre à longs poils raides, avec des rayures plus brunes, exactement comme il apparaît dans la nature. Le ciel fut fait de gris de Payne, gris neutre, outremer et teinte chair, qu'il mélangea avec ses doigts, pour alléger les nuages. Pour donner la sensation de lumière et d'ombre au premier plan, il utilisa un pinceau éventail pour étaler du blanc, puis de la teinte chair ici et là sur les côtés éclairés, du bleu de cobalt et du rose sur les côtés opposés, pour obtenir une teinte lilas. La maigre végétation fut réalisée en dernier avec de l'ocre jaune et du bleu de cobalt.

PEINDRE LES HERBES SAUVAGES

Robert Bateman

GUÉPARD ET SES PETITS

1978, acrylique, 53,3 cm x 69,8 cm

Nichée dans les hautes herbes de la plaine africaine, une femelle guépard, aux aguets, surveille les prédateurs. Un regard plus attentif nous révèle les raisons de son inquiétude: deux nourrissons sont couchés, presque cachés par l'épaisse végétation. Leur fourrure, légèrement plus sombre avec de longs poils blancs, indique que ce sont des nouveau-nés. En ne montrant que leurs dos, l'artiste a résisté à la tentation de les faire mignons, préférant accentuer la dignité de l'adulte dont l'intense expression fournit le centre d'intérêt du tableau.

Seule, une plante verte isolée dans le coin supérieur gauche du tableau, détonne dans cette riche harmonie de jaunes dorés et de bruns. Apparemment sans importance, elle fournit un élément essentiel, car elle équilibre la masse du guépard et crée une tension dans la direction de son regard fixe. La végétation encadre le sujet, mais étend aussi l'image au delà de ses bords, comme faisant partie d'un paysage plus vaste.

Bateman commença par peindre de vagues zones éparpillées en ocre jaune qu'il lacéra en longs triangles plus sombres et laciniés. Il les morcela par des traits plus clairs, puis adoucit la surface entière avec un glacis d'ocre jaune mélangé d'ombre brûlée. Chaque brin d'herbe fut traité sensiblement de la même façon: le premier coup de pinceau, un mélange d'ocre jaune et de blanc, était assombri par un glacis d'ocre jaune; puis, la feuille terminale était éclaircie, tout le brin recouvert d'un nouveau glacis, et enfin, sa base assombrie; finalement, l'extrême pointe était peinte de blanc pur, avec une touche de jaune clair donnant à la feuille terminée une gamme tonale clair-moyen-foncé de la pointe à la base. De minces touches de vert brillant, bleu et orange, furent ajoutées çà et là pour accentuer l'effet.

Quand les détails furent achevés, l'artiste recula pour apprécier le résultat. «J'avais tous ces brins d'herbe chantant triomphalement et je me perdais dans les détails», dit-il. «J'ai alors éliminé tout ce fouillis avec un lavis transparent, ne rehaussant qu'une trentaine de pointes que j'avais repliées et je les ai laissées jouer tels des accents de flûte.» Dans l'oeuvre finale, la végétation forme une mélodie lyrique jaune clair tout au long du tableau.

Bateman rendit méticuleusement des centaines de feuilles d'une espèce d'herbe particulière à l'Afrique, invitant l'observateur à explorer la scène comme s'il était un insecte grimpant et descendant le long des brins d'herbe. En dépit d'un tel traitement détaillé, l'herbe garde une qualité tridimensionnelle aérienne et spatiale.

Exprimer le mouvement par la disposition des éléments

Guy Coheleach

LA POURSUITE

1967, huile, 76,2 cm x 101,6 cm

Guy Coheleach, chasseur et écologiste, croit que ses propres expériences se sont avérées un facteur important pour exprimer des émotions dans ses tableaux. «Je sais comment poursuivre une proie et je connais la terreur de la proie», dit-il. «Je ne pense pas que l'on puisse peindre une scène de prédateur de façon efficace si l'on n'a pas connu les deux côtés.»

Dans ce drame, dont il fut le témoin dans la plaine du Serengeti, un guépard fonce sur une gazelle de Thompson. Bâtis pour la vitesse, les guépards sont les plus rapides animaux au monde sur de courtes distances, courant avec des pointes de vitesse de plus de 110 km/h. La seule chance qu'a la gazelle de s'en réchapper tient en sa capacité à changer brusquement de direction, mais le félin compense chaque virage en usant de sa longue queue comme balancier, ce qui lui permet de gagner du terrain à chaque bond.

Éléments et action sont d'importance capitale dans cette scène. En juxtaposant les animaux courant dans des directions opposées — le guépard atterrissant sur les pattes de devant et la gazelle bondissant sur ses pattes arrière — l'artiste suggère une plus grande impression de mouvement. Il utilise la même technique lorsqu'il peint des oiseaux en vol, en montrant certains avec les ailes en haut et d'autres les ailes en bas.

Travaillant du foncé au clair, l'artiste peignit la scène plutôt librement, faisant d'abord le guépard, puis la gazelle et finalement l'arrière-plan. Les animaux sont ocre jaune avec des zones terre de Sienne naturelle sur l'antilope et orange de cadmium sur le félin. Les marques et les taches sombres furent ajoutées en terre d'ombre brûlée.

Coheleach peignit la poussière du fond en trempant un pinceau sec à poils raides dans un mélange d'ocre jaune et de bleu céruléum, retirant la peinture de la trame de la toile et la structurant en petits creux. Quand le résultat parut avoir assez de grain, il fondit le tout en diluant avec un pinceau regorgeant de térébenthine.

Comme on le voit dans cette ébauche, toutes les lignes du premier plan (composé d'herbes) captent l'attention sur le centre de l'image: le guépard dont les lignes principales sont perpendiculaires à la direction du premier plan. Les lignes du guépard sont répétées dans la gazelle bondissante, dont la couleur est atténuée, ce qui concentre encore plus l'attention sur le félin.

Capter le drame de la chasse
Bob Kuhn

Première tentative

1975, acrylique, 76,2 cm x 101,6 cm

Bob Kuhn est connu pour ses scènes de vie sauvage en Afrique. Bien qu'ayant visité la plupart des régions sauvages du monde, il revient souvent dans ce continent pour observer de près les vastes troupeaux de gibier et assister au principal drame de la plaine africaine — la confrontation séculaire entre le prédateur et sa proie. Dans ce tableau, une lionne solitaire poursuit un troupeau de girafes avec le faible espoir qu'un girafeau trébuche et soit abandonné à son destin. Bientôt, la lionne rebroussera chemin, le troupeau se dispersera, et le paysage retrouvera sa sérénité.

Compte tenu des limites d'une surface bi-dimensionnelle, l'artiste réussit à capter la course, la poussière et l'émoi de la chasse. Des photographies de girafes en mouvement confirment leur style de course qui est uniquement adapté à leurs étranges proportions. Une palette chaude rehausse la sensation d'excitation et transmet la chaleur du jour africain. Le contre-jour ajoute au drame. Les tons plus sombres qui modèlent les animaux donnent la gamme des valeurs de l'oeuvre et l'ombre du premier plan fournit à ces valeurs leur fondement.

Kuhn fait plusieurs croquis de postures jusqu'à ce qu'il atteigne l'effet escompté. Toutes ces esquisses sont faites au crayon Conté de couleur bistre.

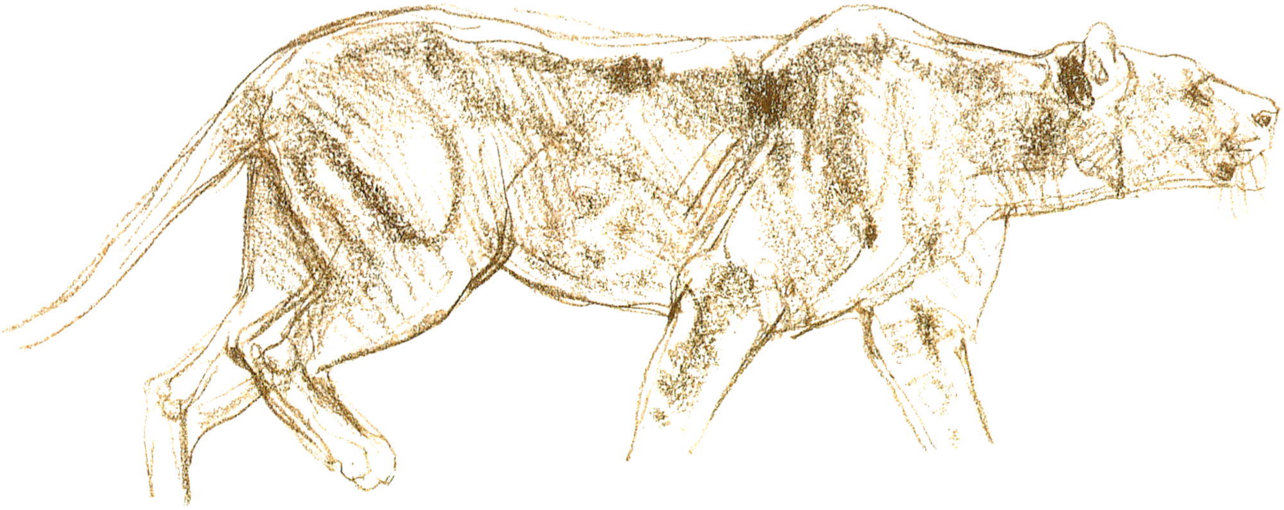

NUANCER L'ARRIÈRE-PLAN POUR RENFORCER L'ACTION

Bob Kuhn

BATTEMENTS D'AILES DE VAUTOURS

1974, acrylique, 76,2 cm x 152,4 cm

«Aucun de mes tableaux ne m'a causé autant de difficultés que *Battements d'ailes de vautours*», dit Bob Kuhn qui travailla sporadiquement à cette oeuvre durant plus de cinq ans. L'idée surgit d'une série de photographies d'hyènes harcelant des vautours en train de se repaître, mais l'artiste crut qu'un lion fournirait un sujet tout aussi plausible mais plus intéressant.

Kuhn voulait créer une scène bien organisée, mais lorsque tous les éléments furent en place, il se trouva devant certains problèmes. Les vautours semblaient suspendus dans le vide sans aucun sens de mouvement. La peinture s'évanouissait vers la droite car rien ne ramenait l'attention vers le haut.

Après plusieurs retouches, il remplit le côté droit du panneau de formes abstraites verticales, et anima les vautours en ajoutant des tons chauds derrière leurs ailes, suggérant un mouvement flou. Après avoir été présentée dans plusieurs expositions, la toile revint chez l'artiste et se promena plusieurs fois entre la maison et l'atelier sans que le problème ne soit vraiment résolu. Kuhn ne réussissait pas à rendre vrai ce mouvement du lion sautant pour attraper un vautour. Un jour, son épouse lui avoua que le lion lui avait toujours un peu fait penser à *Bert Lahr*, le lion poltron du *Magicien d'Oz*. «Et voilà!», dit Kuhn. «Je rapportai le tableau à l'atelier et opérai un changement de sexe. Dès que j'enlevai au lion sa crinière, la forme commença à prendre un sens. J'eus bientôt une lionne assez acceptable, dont les lignes mieux définies étaient faciles à comprendre, et à l'avenir, plus jamais d'allusion à *Bert Lahr*.» Kuhn a alors compris que l'ensemble d'une peinture doit sembler facile, indépendamment du temps et des efforts mis à la produire.

En définitive, l'artiste considère *Battements d'ailes de vautours* comme un de ses meilleurs tableaux, de facture presque abstraite et captant la véritable émotion du drame des plaines africaines. «Cette toile ne fut ni un projet facile, ni une oeuvre de tout repos, mais elle m'obligea à me surpasser et m'encourage à foncer tête première quand un projet me vient en tête même s'il va au delà de mes limites.»

Un rapide gribouillage de lignes peut fournir la genèse d'une peinture de Kuhn. L'intérêt premier de l'artiste est de capter le véritable caractère de l'animal.

CONSTRUIRE DES STRUCTURES AU COUTEAU À PEINDRE
Bob Kuhn

MÂLE EMBOURBÉ

1973, acrylique, 60,9 cm x 91,4 cm

Les buffles du Cap sont parmi les animaux que Bob Kuhn peint le mieux. Bien qu'ayant plusieurs points communs avec les bovins domestiques, ce sont des bêtes sauvages solides et potentiellement dangereuses, pouvant être redoutables lorsqu'elles sont blessées ou provoquées. Ayant lui-même essuyé la charge de buffles à maintes occasions, Kuhn est bien conscient de leur puissance meurtrière. Rehaussées de mauve, les tonalités sombres de cette toile confèrent une aura menaçante, malgré l'immobilité de l'animal. L'application hardie de la peinture dans toute l'oeuvre est en étroite relation avec son caractère.

Le secret du tableau réside dans sa riche coloration et la surface argileuse du premier plan. Le bourbier fournit l'occasion à l'artiste d'utiliser généreusement son couteau à peindre. Il structure de telles zones, qui sont grandement abstraites, en alternant foncé et clair jusqu'à ce que la tonalité résultante et les formes au sein de celle-ci soient satisfaisantes. «La technique du couteau crée des textures qu'on ne peut obtenir au pinceau, et me laisse en plus une certaine liberté», dit Kuhn. «Je dispose simplement les éléments et déplace la peinture autour jusqu'à obtenir les textures qui forment un motif, et j'espère avoir la sagesse d'arrêter. Si cela devient croûté et inégal durant le processus, eh bien! tant mieux.»

L'idée de *Mâle embourbé* germa lors d'une séquence de film montrant un buffle inexorablement embourbé dans une boue épaisse. Kuhn filma cette scène avec sa caméra qu'il apporte fréquemment au cinéma. Il s'est rendu compte que lorsque l'action n'est pas trop violente et qu'il utilise une vitesse d'obturateur lente, il pouvait souvent obtenir une bonne image, ce qui lui procure une nouvelle source de documentation pour son travail. Ses dossiers, contenant plus de 1500 illustrations de buffles et des centaines de croquis faits au fil des ans, lui fournirent les éléments pour l'arrière-plan.

Kuhn ne fait jamais un dessin soigneusement élaboré, jugeant que cela enlève la spontanéité du tableau final. Il fait plutôt plusieurs esquisses d'attitudes à la craie, qui tentent de cerner l'esprit et l'essence de l'animal en quelques lignes seulement.

Roger Tory Peterson, *Geais bleus*, 1976, aquarelle et acrylique, 55,8 cm x 71,1 cm

Oiseaux de jardins

Raymond Ching

Lars Jonsson

Roger Tory Peterson

Saisir les caractéristiques des oiseaux familiers
Roger Tory Peterson

Merle d'Amérique

1978, aquarelle, acrylique et gouache, 48,2 cm x 41,9 cm

Comme le motif de cette toile servirait éventuellement à la décoration d'une assiette de porcelaine, sa composition devait s'adapter à une forme arrondie. Au départ, Roger Tory Peterson peignit ce merle sur un carton blanc Whatman, mais lorsque le projet d'assiette fut temporairement abandonné pour devenir une impression à tirage limité, il vaporisa un ton uniforme de gris derrière l'oiseau. L'arrière-plan ouvert dépend de la composition pour soutenir le sujet qui est peint dans le style audubonesque.

Chaque oiseau diffère, et Peterson recherche la structure fondamentale ou «bonne forme» d'une espèce. Même si le Merle d'Amérique est un oiseau très bien connu, son caractère est difficile à saisir. Ici, l'artiste voulait capter la belle prestance de sa livrée printanière avant qu'il ait élevé sa première couvée. L'oeuvre fut élaborée en une suite de minces lavis transparents, selon la méthode traditionnelle de l'aquarelle anglaise. Peterson étendit d'abord les tonalités sombres, laissant au papier blanc le soin d'apporter les tons clairs. Les touches finales furent appliquées à la gouache et à l'acrylique pour donner un peu de modelé à la forme. Les fleurs de cornouiller furent peintes sur le motif tout près de son atelier. Il utilisa des pinceaux en poils de martre de 1,25 cm à 1,9 cm pour étendre les lavis et un n° 1 pour les détails.

MOQUEUR POLYGLOTTE

1978, aquarelle et acrylique, 53,3 cm x 43,1 cm

Cette représentation du Moqueur polyglotte devait aussi avoir un format qui s'adapterait à une assiette de porcelaine, d'où son format. L'oeuvre, à l'origine, fut peinte sur un carton blanc; la couleur de fond fut ajoutée par le graveur pour l'impression. L'oiseau est présenté avec ses ailes flamboyantes, mouvement dont le rôle reste inconnu, mais qu'il exécute entre autres lorsqu'il cherche des insectes au sol. Peterson établit tout d'abord ses valeurs, en commençant par disposer les éléments d'une façon générale et n'en terminant aucun avant de passer au suivant. Dans le cas de ce moqueur polyglotte qui a relativement peu de couleurs, il n'ébaucha que le motif. L'ajout des ombres aux blancs tout en respectant l'équilibre du tableau, fut assez épineux à traiter, et Peterson modela l'oiseau lentement, l'élaborant par des glacis transparents plus foncés. Pour la mise en forme finale, il travailla alors les rehauts sur les couleurs sombres, en un processus appelé frottis. L'artiste sentit que représenter un moqueur sur un magnolia serait un cliché; aussi choisit-il de l'installer sur un rameau de ce rosier sauvage qui pousse tout au long des côtes sablonneuses de l'est des États-Unis.

Peterson ébauche souvent plus d'une demi-douzaine de compositions d'un même sujet et élabore ensuite celui qui lui semble le plus approprié. Pour en vérifier l'exactitude, il regardera l'oeuvre en sens inverse ou dans un miroir pour une perspective originale. L'artiste utilise ses propres photographies comme aide-mémoire, ainsi que des spécimens naturalisés de musées pour des détails comme la structure des becs et des pattes. «L'expérience sur le terrain est la chose la plus importante», dit Peterson. «Les illustrations documentaires ne suffisent pas, car vos peintures deviendront des dérivés. Ce n'est que par l'étude du sujet sur le motif qu'on peut arriver à un concept original.»

Réussir des rouges vibrants lumineux

Roger Tory Peterson

Tangara écarlate

1977, aquarelle et acrylique, 55,8 cm x 45,7 cm

«Je trouve que le rouge éclatant du Tangara écarlate est très difficile à rendre avec un pigment», dit Roger Tory Peterson qui croit qu'aucune couleur à l'eau utilisée pure ne peut reproduire la brillance du plumage de l'oiseau. Pour résoudre ce problème, il étend un lavis de jaune cadmium transparent, puis étend de minces lavis de vermillon tout en permettant à la chaleur du jaune de transparaître. «Pas trop de jaune, pour ne pas le rendre orange, mais juste assez pour rendre le rouge lumineux», conseille l'artiste.

Cependant, les plumages rouges sont traités différemment, selon le sujet, l'orientation de la source et la quantité de lumière. Ainsi, bien que sa face et sa poitrine peuvent être aussi intenses que ceux d'un tangara en plein soleil, le plumage du Cardinal rouge est généralement plus terne, car les plumes de son dos et de sa queue sont en réalité bordées de gris. Quand il peint un Cardinal rouge, Peterson ne commence pas par du jaune, mais plutôt par des lavis cramoisis et vermillon directement sur le papier blanc, d'où résulte un rouge plus froid, moins vibrant.

Peterson esquissa ce Tangara écarlate directement sur un carton Whatman, puis élabora ses couleurs en une gamme de quatre ou cinq glacis clairs, permettant à chacun de sécher complètement avant d'appliquer le suivant. Il finit en ajoutant une touche de gouache opaque çà et là pour donner du relief. Comme le tangara est un oiseau calme, qui a tendance à se déplacer lentement dans la haute futaie, l'artiste prit soin de ne pas le montrer dans une posture flamboyante qui n'aurait pas paru naturelle. La paisible composition est de style classique avec le sujet décentré et regardant vers l'intérieur. Le tableau fut inspiré par un couple de tangaras qui se perchent souvent dans un énorme tulipier sur la propriété de l'artiste au Connecticut.

«Les fleurs paraissent toujours mieux quand elles sont faites entièrement à l'aquarelle transparente, sans touches d'acrylique», conseille Roger Tory Peterson, qui peignit sur le motif les fleurs du tulipier en utilisant de minces lavis d'ocre jaune et de vert-jaune.

© Roger Tory Peterson — '77

Utiliser un papier teinté pour accentuer les couleurs

Lars Jonsson

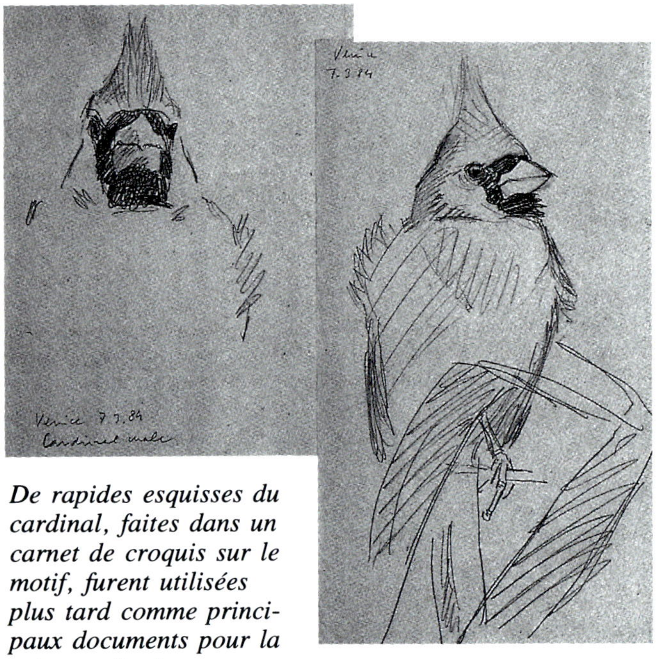

De rapides esquisses du cardinal, faites dans un carnet de croquis sur le motif, furent utilisées plus tard comme principaux documents pour la peinture finale.

Une petite esquisse colorée sur du papier de teinte grise permit à l'artiste de constater l'harmonie des couleurs et d'en vérifier l'aspect global.

Signes de printemps

1984, aquarelle et gouache, 50 cm x 40 cm

La gouache appliquée sur un papier de couleur reproduit généralement plus fidèlement les teintes brillantes de certains oiseaux que l'aquarelle sur un papier blanc. Lars Jonsson peignit ce tableau sur un Canson gris, un des rares papiers de couleur pouvant être utilisé à l'aquarelle. «Le Cardinal rouge mâle est un oiseau nord-américain tellement frappant», dit l'artiste suédois. «À l'époque de la pariade, son plumage rouge vif et sa huppe hérissée avertissent clairement les autres mâles de se tenir à distance. Je voulais accentuer la puissance de ce message et la détermination que je croyais déceler chez l'oiseau, en dirigeant son regard directement sur l'observateur. De plus, comme cet oiseau a été si souvent peint, je prévoyais qu'un portrait de face serait différent.»

Jonsson vit cet oiseau en Louisiane, lors d'une visite à Oakley House, Saint Francisville, là où John James Audubon demeura en tant que directeur d'études durant plusieurs années. Le cardinal était perché sur un vieux cerisier et l'artiste fut attiré par la simplicité des couleurs: rouge, blanc et gris. Il esquissa l'oiseau sur le motif et photographia l'arbre, puis termina la peinture, de retour à son atelier en Suède.

L'artiste fit tout d'abord une petite esquisse en couleurs sur un papier de même ton, puis, un dessin au crayon de l'étude finale. Il commença le tableau en étalant sur l'arrière-plan un lavis d'aquarelle ocre jaune assez clair, qu'il fonça graduellement avec plusieurs couches de gouache gris bleuâtre sali et gris brunâtre. Travaillant sur toute la surface en même temps, l'artiste recouvrit rapidement le papier avec un peu de toutes les couleurs pour se faire une idée de l'effet général de l'oeuvre. Le corps du cardinal est un mélange de gouache laque écarlate, rouge de cadmium et jaune de cadmium foncé. La principale difficulté rencontrée fut de rendre les ombres et les rehauts sans ternir le rouge brillant du plumage. Les délicates rayures que l'on voit parfois sur son ventre lorsque son plumage est ébouriffé, situent les rangs de points d'attache des plumes. Jonsson profita de cet effet anatomique pour accentuer la rondeur du corps. La forme d'un oiseau est habituellement modelée par des bleus et des noirs pour les zones ombragées, et par des couleurs mélangées de blanc pour les rehauts. Ici, Jonsson a utilisé l'écarlate et un peu de jaune, partout où il put pour les parties plus claires, mais un peu de blanc fut ajouté sur le devant de la huppe et sur les côtés de la poitrine, là où le soleil est réfléchi. Des lavis soutenus de gouache grenadine liée à un peu de lilas furent employés pour les ombres.

L'agencement de la structure des branches de l'arbre amena quelques difficultés. L'artiste travailla à partir des photos qu'il avait prises et de véritables branches prélevées d'un cerisier de son jardin. Le lichen gris verdâtre froid est composé de diverses couleurs pour le rendre plus vivant et du jaune fut ajouté aux endroits éclairés. Comme la profusion de branches recouvertes de lichen attirerait trop l'attention, l'artiste en pâlit plusieurs, car autrement, les détails domineraient la peinture.

Il garda les fleurs blanches pour la fin. «Je savais qu'elles rehausseraient le tableau», dit-il. «C'était comme lorsqu'on attend pour ouvrir un cadeau de Noël.» Les zones blanches servent à équilibrer l'intensité rouge de l'oiseau.

Fondre les grisés pour faire ressortir un bleu vif

Lars Jonsson

Lorsqu'un Passerin bleu sauta soudainement sur une tige dans un pâturage du Texas, Lars Jonsson resta ébahi devant ses couleurs brillantes et décida d'en faire une peinture. Il esquissa l'oiseau à la fois au crayon et à l'aquarelle sur le champ, puis termina l'oeuvre dans son atelier en Suède.

PASSERIN BLEU

1984, aquarelle et gouache, 40cm x 36 cm

Pour saisir les vibrantes couleurs de ce Passerin bleu, Lars Jonsson peignit l'oiseau sur un fond de ton gris pour en faire rayonner les couleurs. Le bleu du passerin est, en réalité, un mélange de plusieurs couleurs: outremer, bleu azur, violet et un peu de vert. Le modelage du corps de l'oiseau présenta quelques problèmes, car l'addition de tons plus clairs risquait de diminuer quelque peu la brillance du bleu. L'artiste résolut ce problème en superposant, avec de légers coups de pinceau, diverses teintes de couleurs mélangées, utilisant tout d'abord une combinaison de blanc opaque et d'outremer, puis de bleu verdâtre et de blanc, suivi d'un violet pâle et de blanc. L'oeil de l'observateur fond les couleurs, ne conservant que la luminosité du bleu original.

Jonsson fit de nombreuses esquisses du passerin avant d'être satisfait de sa posture. Il voulait que sa tête soit tournée vers l'avant et que l'aile droite chevauche légèrement la gauche, de façon à accentuer le fin contour des rémiges. L'ombre légère ainsi créée a aidé à rehausser la lumière et à structurer la forme de l'oiseau. Pour peindre les ailes, Jonsson recouvrit le milieu des plumes d'un lavis gris bleuâtre, assombrit les nervures centrales, et teinta les rebords extérieurs d'un brun pâle. Puis, il élabora toutes les couleurs avec plus de teintes. Le brun rouille sur les barres alaires et sur le dos fut appliqué en une suite de lavis faits de rouge Winsor et d'ocre jaune, mélangés à de la gouache ocre jaune. Un peu de lilas et d'alizarine cramoisie furent ajoutés là où la courbure de l'aile disparaît dans l'ombre.

L'artiste fit du champ en friche plusieurs esquisses au crayon avant d'être satisfait de l'agencement. «Il s'agit de jouer de long en large avec le champ. Quand je procède ainsi, il arrive très souvent qu'une ligne, une couleur ou un effet de perspective apparaisse inopinément, ce qui ajoute un détail intéressant que je garde et amplifie.» Initialement, l'artiste sentit qu'il avait élaboré la végétation avec beaucoup trop de détails et qu'il devait l'amoindrir aux endroits où elle entrait en compétition avec le sujet principal. Les fleurs furent peintes en dernier, à la gouache jaune vif.

ESQUISSES D'OISEAUX CHANTEURS SUR LE MOTIF

Lars Jonsson

PARULINES

Études à l'aquarelle, 21,6 cm x 13,9 cm

«Esquisser des oiseaux chanteurs est une tâche des plus difficiles à réaliser», dit Lars Jonsson. «Le secret est de créer une ligne directe allant de votre oeil à votre main. Ne pensez pas à ce que vous faites, faites-le, c'est tout.» L'artiste passe la majorité de son temps à l'extérieur, à dessiner et peindre des oiseaux, et il pense qu'en faisant des croquis, il apprend constamment et développe son aptitude à voir. Il croit qu'en travaillant directement sur le sujet vivant, il réussit à mieux le comprendre et à créer l'intimité nécessaire pour capter l'essence même de l'espèce. Lors d'un récent périple de la Floride à l'Alaska, l'artiste suédois observa avec ses jumelles les parulines des forêts nord-américaines, et en fit de rapides esquisses au crayon, y ajoutant par la suite un lavis de couleur pour en saisir les teintes exactes. Pour lui, l'esquisse sur le motif est une habitude, un entraînement constant et une façon d'étudier la nature. Certains de ces croquis lui serviront de références pour des peintures à venir, mais leur valeur repose tout autant dans le fait qu'il les a esquissées lui-même.

Jonsson souligne l'importance d'aborder un sujet, libre de tout préjugé, ce qui, reconnaît-il, est plus difficile à réaliser que cela ne paraît. Souvent, les gens ne dessinent pas ce qu'ils voient, mais plutôt ce dont ils se souviennent d'un guide d'identification, ou à partir d'une idée fausse de ce à quoi l'oiseau «devrait» ressembler. «Comme les oiseaux sont toujours en mouvement, il est plus facile d'en avoir une image mentale», dit-il. «Mais, si vous ne travaillez pas sur le motif, vous ne pouvez établir un contact personnel avec la nature, et vos possibilités de développement en tant que peintre animalier seront limitées.» Jonsson croit qu'il est souvent plus valable de faire plusieurs ébauches inachevées que de travailler et retravailler la même, en effaçant les erreurs. Il rappelle à ses étudiants qu'une étude à l'aquarelle sur le motif n'est, après tout, qu'un morceau de papier, un outil utile pour expérimenter et évaluer. «N'hésitez jamais à prendre des risques. S'intégrer à la nature et l'expérimenter, voilà tout le secret.»

Paruline à capuchon

Paruline à face rouge

Paruline à ailes blanches

Paruline du Kentucky

Paruline à tête cendrée

Paruline noir et blanc

DÉCOUVRIR LA BEAUTÉ, MÊME DANS UNE SCÈNE BANALE

Raymond Ching

Cette étude d'une tête d'étourneau, faite d'après un spécimen fraîchement empaillé, devint plus tard un document de référence pour un tableau. Ching fut fasciné par les points blancs très élégants du plumage plutôt terne dans son ensemble.

MOINEAU DOMESTIQUE — ADULTE MÂLE

1976, huile, 53 cm x 38,1 cm

Raymond Ching laisse de côté les Cardinals rouges et les paons, et préfère peindre des oiseaux familiers tels les moineaux et les étourneaux, revenant encore et encore sur les mêmes sujets. Par des années d'observation minutieuse, il a acquis une connaissance intime de ces oiseaux de jardins dont il s'applique à représenter le caractère de façon à la fois précise et selon sa propre vision.

Ici, un moineau domestique mâle, solitaire, perché sur une corde, est dessiné grandeur nature, sur un arrière-plan uni. «Je voulais que l'intérêt de cette peinture soit suscité entièrement par sa simplicité», dit Ching. «Le format réduit du tableau est intentionnel, et l'absence de tout arrière-plan décoratif ou haut en couleurs résulte de ma décision.» L'artiste recouvrit un panneau de Masonite (Isorel) de quatre ou cinq couches de gesso à l'aide d'un pinceau domestique de cinq centimètres et sabla la surface après chaque couche. Il appliqua la dernière couche de gesso avec un pinceau à l'huile beaucoup plus fin, travaillant rapidement par petites touches dans toutes les directions. Il ajouta alors plusieurs minces jus de couleur neutre, les estompant chaque fois avec un chiffon. La pellicule de peinture résultante laisse voir les coups de pinceau et produit une texture de fond intéressante.

L'oiseau fut peint à partir d'un spécimen empaillé. L'essence de ce moineau est si bien rendu que l'observateur peut presque sentir la chaleur et la douceur de son corps. Il est détendu et comme assis quelque peu de guingois, tout en demeurant en parfait équilibre, son faible poids étant mesuré par la légère inclinaison de la corde. Ses ailes apparaissent comme deux structures séparées. Cependant, leur point d'attache est si bien établi que l'on sait que le moineau peut s'envoler à tout moment.

Ching n'utilise qu'une petite gamme de sept ou huit couleurs qui ont un taux constant AA, et il peut difficilement expliquer comment il en arrive à composer ses couleurs. Il étale simplement toutes les nuances de cette gamme sur sa palette au début de chaque tableau et procède ensuite par tâtonnements. «Je ne crois pas que cela tienne spécialement aux couleurs que vous employez ou à l'usage d'un pinceau en particulier», dit l'artiste. «Ce qui importe c'est que vous ayez réellement envie de le faire. Quand je peins ce petit moineau, je désire le faire, au-delà de mes forces.»

DESSINER À LA PEINTURE DES DÉTAILS PRÉCIS

Raymond Ching

TROGLODYTE DES FORÊTS

1972, aquarelle, 71 cm x 53,3 cm

Dessinateur extraordinaire, Raymond Ching, garde un contrôle absolu sur les moindres détails d'un dessin. Avant de peindre une aquarelle, il dessine au crayon une étude élaborée contenant toutes les valeurs, un peu comme une photographie en noir et blanc. Il n'oeuvre donc pas en pleine nature, mais il dessine plutôt strictement ce qu'il voit, sans développer davantage.

Après avoir transféré le dessin sur la surface définitive, habituellement par traçage, Ching commencera sa peinture à partir d'un point d'intérêt et travaillera méthodiquement toute la surface jusqu'au bas du tableau. La couleur est d'une importance secondaire pour cet artiste. «Si je commençais par prendre des décisions au sujet de la couleur, je perdrais le contrôle de la peinture», dit-il. «Plus j'ajoute de la couleur, plus je perds le contrôle, c'est pourquoi je veux que tout le travail réellement sérieux soit fait bien avant que la peinture soit trop avancée.»

Ching ne travaille pas avec des pigments pré-mélangés. Il mélange plutôt ses couleurs pour chaque coup de pinceau qu'il donne, sa main allant et venant si rapidement de la palette à la surface du tableau qu'il use ses pinceaux en quelques jours.

Les études des toiles d'araignées pour *Troglodyte des forêts* ainsi que les autres détails de la fenêtre furent exécutées en plein hiver, dans un hangar abandonné sur la propriété de l'artiste, en Angleterre, puis ramenées à l'atelier où elles furent soigneusement mises en place sur le «plan» de travail minutieusement dessiné au crayon, comme elles apparaissent dans le tableau. La vieille boîte de tabac rouillée, les bouts de chaînes, les clous et les paquets de semence furent arrangés dans l'atelier comme une nature morte et dessinés de façon à ce qu'ils s'adaptent au décor. Les deux Troglodytes des forêts adultes ont été rendus à partir de spécimens empaillés de la collection de l'artiste. Tous les éléments, y compris les oiseaux, furent peints en grandeur nature. Habituellement, Ching préfère dessiner les détails au crayon, mais ici, il a choisi de peindre les toiles d'araignées car les fils fragiles n'étaient visibles qu'en blanc sur le fond sombre. Ching peignit l'arrière-plan en transparence, allant du foncé au clair, laissant le papier blanc paraître même sous les toiles d'araignées. «Il vaut mieux que vous le réussissiez du premier coup; autrement dit, vous devez vraiment penser à ce que vous faites,» dit Ching. «Vous devez vous concentrer, et parfaitement contrôler votre main. C'est le fait d'essayer de réussir du premier coup qui donne à la peinture cette excitation sous-jacente. D'après moi, c'est la concentration qui fait tout.»

Même avec des détails aussi précis, Ching utilise rarement un pinceau plus fin que le no 6. «Les pinceaux plus larges peuvent avoir une pointe aussi fine que les plus petits, explique-t-il, mais comme le pinceau a plus de corps, j'ai plus de contrôle sur la peinture. Je recommande aux artistes de prendre des formats de pinceaux au moins deux ou trois fois plus gros que ce dont vous avez besoin.» Ching ne travaille que sur du papier chiffon à 100%, très tendu, afin d'obtenir une surface bien plane.

Ching n'utilise pas de jumelles et ne dessine presque jamais un oiseau sur le motif, préférant le voir prendre forme dans son esprit. Ces esquisses au crayon furent des essais préliminaires à des peintures de troglodytes.

Ching peignit très soigneusement chaque extrémité des fils d'araignées, laissant une mince ligne sans peinture là où le papier transparaissait. S'il effaçait accidentellement un fil, il le remettait alors en place avec de la peinture blanche.

GOLDEN BAR

TRAVAILLER DANS LES LIMITES D'UN MÉDIUM

Raymond Ching

HIRONDELLE DES GRANGES

1975, acrylique, 71 cm x 53,3 cm

Lors d'une promenade près de son atelier au Sussex, en Angleterre, Raymond Ching remarqua quelques hirondelles entrant et sortant d'une grange abandonnée. Pour l'artiste, ce fut surtout le trou noir laissé par un carreau cassé qui transforma la scène en un futur tableau. Ching travailla dans son atelier à partir d'un vieux cadre de fenêtre, conservé à cause de sa peinture blanche décolorée et écaillée, amenant poussière et toiles d'araignées. Il ajouta la gouttière et le rebord en pierre, et dessina l'hirondelle, grandeur nature, en se servant d'un spécimen empaillé.

Ching décida de peindre cette oeuvre à l'acrylique pour prendre sa revanche sur ce médium qu'il avait déjà eu de la difficulté à maîtriser. Il explique: «Je remarquai que la lumière frappant la fenêtre donnait au carreau un aspect sale et laiteux, et je me souvins que la première fois où j'avais observé ce même phénomène, l'acrylique créait des problèmes. J'avais prévu de peindre la scène à l'aquarelle, mais pour cette seule raison, je décidai de travailler à l'acrylique.» L'artiste obtint l'effet recherché par glacis d'acrylique sur couche sous-jacente d'acrylique, étendant les jus plus pâles sur les jus plus sombres.

Ching reconnaît qu'il n'y a aucune surface ou peinture qui soit parfaite. Comme Ching trouve que ses tableaux sont le résultat d'un combat contre les limites d'un médium, il abandonna l'acrylique après quelques tentatives, décidant que sa facilité de manipulation était, pour lui, en définitive, son défaut. L'acrylique sèche rapidement, contrairement à l'huile, et peut être «surpeinte», contrairement à l'aquarelle où l'artiste doit tout réussir du premier coup. «Si vous n'avez pas à faire face à un problème, dit Ching, je crois que vous perdez le pouls de la peinture, sa force énergétique fondamentale. L'hirondelle à la fenêtre n'est pas réellement là et ce n'est pas réellement une fenêtre. L'illusion est purement une conséquence de mon combat avec une feuille de papier blanc et le médium que j'ai choisi.»

Ching obtient des détails, comme le format, la couleur et le motif, à partir d'oiseaux empaillés, mais il établit la forme et le caractère d'un sujet par l'observation de l'oiseau vivant.

John Seerey-Lester, *Le refuge — Ratons-laveurs*, 1983, huile, 38 cm x 76 cm

LE MONDE DES PETITS ANIMAUX

Robert Bateman

Thomas Quinn

John Seerey-Lester

Créer une tension visuelle par le clair-obscur

Robert Bateman

Aux aguets — Le tamia

1980, acrylique, 20,3 cm x 33 cm

Alerte et véloce, un tamia est pris en pleine foulée, alors qu'il explore une corniche enneigée en quête de nourriture. En un instant, lançant un petit cri réprobateur, il aura disparu entre les rochers ou sous les fougères, dans l'un des nombreux trous obscurs que l'artiste, Robert Bateman, a prévus. Même s'il a peint le tamia avec passablement de détails, l'artiste évite une composition statique en décentrant l'animal, soulignant ainsi l'impression de mouvement. Le contraste entre les plans sombres et verticaux du fond et les surfaces claires et plates du premier plan, intensifie la tension visuelle.

Tant naturaliste qu'artiste, Bateman saisit ici le petit monde du tamia en un réalisme précis, depuis la structure des rochers de granit jusqu'aux fougères polypodes et aux lichens coiffés de casques rouges. Bien que l'artiste soit attentif à montrer comment l'animal s'intègre à son environnement, il utilise aussi les éléments de l'entourage pour renforcer les rythmes dynamiques du tableau. Ici, la forme des fougères fait écho à celle de la queue du tamia.

Toute l'oeuvre de Bateman est fondée sur des années d'observation sur le terrain. Il apprit à dessiner avec la méthode gestuelle enseignée par Kimon Nicolaides qui, durant de nombreuses années, fut professeur titulaire à l'Art Students' League de New-York. Nicolaides encourageait ses élèves à mémoriser rapidement les sujets dans leur sens de mouvement plutôt que dans le détail mécanique. Il conseillait: «Pour savoir dessiner, vous devez faire d'abord 2000 erreurs.» Bateman possède plus de 10 000 esquisses dans sa documentation visuelle, représentant quarante ans d'études de première main. «Je peux capter une image de ce que je n'ai vu que deux secondes», dit Bateman. «Je peux alors travailler dessus pendant quelques minutes, tandis qu'elle est encore fraîche à ma mémoire, utilisant ma connaissance des animaux — leurs proportions et leur anatomie — pour m'aider à la parachever.»

Bateman dessine rapidement, corrigeant les erreurs et changeant une pose, sans utiliser la méthode des calques multiples.

© Robert Bateman

Fondre sujet et arrière-plan
Robert Bateman

PARMI LES FEUILLES — LE LAPIN À QUEUE BLANCHE

1977, acrylique, 33 cm x 45,7 cm

«Quand je me promène, je regarde habituellement le sol à deux ou trois mètres devant moi», dit Robert Bateman, qui préfère se déplacer lentement au sein du paysage, tout en examinant la nature au mètre carré. Ce tableau fut peint dans cette perspective, comme si l'observateur était en train d'explorer une forêt de feuillus au début du printemps et que soudainement, il tombe sur un jeune lapin immobile, presque sous ses pieds. Instinctivement, l'animal effrayé essaie d'être aussi effacé que possible, mais son oeil brillant révèle sa tension — un peu plus, et il bondirait pour fuir.

Bateman élabora les formes précises du lapin en premier, délimitant les zones concaves et convexes pour montrer forme et contenu. Puis, il les raffina, ajoutant des détails tout en travaillant du clair au foncé, puis, du sombre au pâle. Les poils blanchâtres furent étalés en un jus aux tonalités légèrement plus chaudes. L'artiste créa l'illusion de camouflage en étendant plusieurs fines couches de terre d'ombre brûlée et de gris de Payne sur la petite créature, afin de l'atténuer et de la fondre dans son environnement. Afin d'attirer davantage l'oeil en dehors du lapin, Bateman mit l'accent sur les feuilles qu'il détailla minutieusement. «J'aimerais rendre hommage aux feuilles mortes», dit l'artiste. «La plupart des gens les considèrent comme un fléau, mais si vous les regardez d'un point de vue abstrait, leur structure est plutôt complexe.»

Les fleurs sauvages servent aussi à distraire l'oeil et ajoutent de la couleur à la scène par ailleurs brune. Le trille, emblème officiel de l'Ontario, au Canada, où l'artiste vit, fleurit au début de mai, avant que ne poussent les feuilles des arbres et qu'elles ne plongent le sol de la forêt dans l'ombre. Pour éviter le cliché «faire mignon», l'artiste coupa les fleurs dans le haut, l'effet lui rappelant une peinture de Degas, dans laquelle un support de chapeaux de dames grimpe dans un angle et sort de l'image.

UTILISER UN FOND EN DÉGRADÉ POUR SUGGÉRER L'ESPACE

Thomas Quinn

LA COURSE DU LAPIN À QUEUE BLANCHE

1982, acrylique et gouache, 83,8 cm x 58,4 cm

Le jour où un client lui commanda un grand tableau représentant un Lièvre de Townsend, l'artiste californien Thomas Quinn se sentit quelque peu embarrassé. Il décida de s'enquérir sur la gent lapine en commençant par le lapin à queue blanche qui est plus petit. Les deux espèces partagent les mêmes caractéristiques: de gros yeux, des oreilles mobiles, un pelage à nuances subtiles, ainsi que la rapidité et l'habilité à effectuer des virages abrupts en pivotant sur eux-mêmes.

«Je peignis quelques exemples de lapins à queue blanche au repos, certains s'étirant, d'autres reniflant», dit Quinn. «J'étais sur le point de faire la plus élaborée de mes variations — un lapin à queue blanche escaladant une grosse touffe de lupin pour en manger les fleurs — lorsque l'idée me vint de tout simplement peindre un lapin surgissant de quelques longues herbes au moment précis où il bondit au-dessus de son ombre.» Ainsi fut imaginée cette toile. Sur un panneau enduit de gesso, Quinn étendit tout d'abord une série de lavis transparents en un mélange très détrempé de terre de Sienne naturelle, terre de Sienne brûlée, ombre naturelle, ocre jaune, jaune primevère et noir de Mars. En délayant diverses quantités de ces couleurs et d'eau dans un plateau émaillé de boucher, il arriva à obtenir une couleur qui semblait représenter la chaleur ensoleillée des folles avoines. L'artiste commença alors par le haut du panneau très incliné, brossant rythmiquement l'eau claire sur la surface et introduisant graduellement la solution d'acrylique, mouillé sur mouillé. La gravité favorisa le dégradé du lavis plus pâle en haut et progressivement plus foncé dans le bas. Quand la surface fut complètement sèche, environ une demi-douzaine de lavis ainsi appliqués se succédèrent sur le gesso.

Quinn qui avait déjà élaboré son dessin principal du lapin à queue blanche, devait maintenant décider si le lapin traverserait de gauche à droite ou de droite à gauche, s'il se fondrait avec le fond ou en jaillirait. Finalement, l'artiste fit pivoter le tableau de 180 degrés de façon à ce que la partie plus foncée soit en haut, ce qui permettait au lapin de venir vers l'avant, sortant de l'arrrière-plan plus sombre vers une zone graduellement plus claire.

Quinn découpa une bande de papier blanc d'environ un centimètre et demi carré, en colora une moitié avec un marqueur à encre noire, le noir près du blanc représentant le contraste ultime sur le fond neutre, et le déplaça sur le tableau jusqu'à ce qu'il trouve un endroit convenable et purement abstrait, là où le maximum de contraste apparaîtrait au centre focal — la tête du lapin. Le dessin demandait une certaine dynamique et l'artiste s'appuya sur l'élément du positionnement diagonal qui comprenait beaucoup d'espace vide à droite, endroit où se trouvait le lapin à peine une seconde plus tôt. Il renforça l'effet par les lignes convergentes des longs brins d'herbe et par l'ombre portée. Pour accentuer la posture, les oreilles et les sourcils du lapin furent peints avec plus de contraste que son arrière-train, et une seule touche de rose fut ajoutée à l'oreille la plus proche.

UNIFIER UN TABLEAU PAR DE SIMPLES EFFETS VISUELS

Thomas Quinn

LE BLAIREAU

1983, acrylique et gouache, 25,4 cm x 53,3 cm

Se remémorant une rencontre dramatique avec un blaireau alors qu'il dressait des chiens en compagnie d'un ami, Quinn eut l'envie de peindre cet animal peu commun. «Nous étions en train de discuter et au beau milieu d'une phrase, je sentis une présence tout près de mon champ visuel», raconte l'artiste. «À environ cinq mètres à ma droite, apparut quelque chose qui n'y était pas une seconde auparavant; nous avions devant nous un blaireau immobile comme un totem. Tout à coup, une autre forme massive surgit du sable tel un petit monte-charge émergeant d'un trottoir de ville. Nous étions pris en fourchette par un second blaireau à une dizaine de mètres de nous. Après un court instant, les deux bêtes aux larges épaules, longues griffes et museau rayé, disparurent sous terre, comme mus par un signal électronique, et nous nous retrouvâmes seuls.»

Cette vision le hantait alors qu'il se préparait à peindre. Il avait fait plusieurs esquisses miniatures au crayon, puis au marqueur noir, et avait conclu que son premier essai devrait porter sur le caractère fouisseur du blaireau: la partie antérieure aux épaules immenses, des griffes conçues pour creuser, une tête en forme de pelle, et plus que tout, son masque caractéristique. Quinn commença par étendre un lavis d'un mélange transparent d'acrylique sur une couche de gesso, puis crayonna légèrement le blaireau à l'endroit qu'il lui avait assigné dans l'esquisse miniature. Pusieurs lavis d'acrylique furent ajoutés pour suggérer la forme de l'animal, et pour fixer le graphite sur la surface. Durant le séchage, Quinn utilisa de la gouache pour situer les petits glissements de roches résultant du creusage. S'il avait jugé le résultat inadéquat, il aurait pu à ce moment-ci, enlever la gouache, sans altérer la couche d'acrylique déjà durcie.

Ensuite, Quinn commença à élaborer le blaireau au pinceau, alternant acrylique et gouache. Il prépara ses tons foncés en un mélange d'outremer et d'ombre brûlée, réservant le noir pur pour les effets de contraste. Une ellipse partielle ancra le dos du blaireau et suggéra le terrier. Des nuances plus foncées accentuèrent la tête et le masque de l'animal, et une touche de gouache noir d'ivoire fit briller son oeil le plus rapproché.

L'artiste ajouta la force de frappe de l'oeuvre en renfonçant d'un coup sec le museau rayé de l'animal, avec de l'acrylique blanc opaque pour accentuer le centre d'intérêt. «L'oeuvre était simple, avec un petit effet argenté, mais elle manquait de vitamines graphiques», dit Quinn. «J'ajoutai une zone saturée de bleu dans le coin inférieur gauche, créant une tension visuelle par la suggestion d'un point d'eau en même temps qu'un effet d'élévation et de perspective.» Certains coups de pinceau rapides et légers donnèrent au blaireau son aspect un peu lourdaud et accentuèrent son tempérament déterminé et affairé.

Avant de commencer à peindre, Quinn fit plusieurs dessins du raton-laveur, utilisant la forme abstraite du cercle dans un carré.

LE RATON-LAVEUR ET SA TRUITE

1979, acrylique et gouache, 66 cm x 76,2 cm

Pour cette toile, l'artiste utilisa l'ancien principe sophistiqué du cercle dans un carré. Quinn voulait un cercle dynamique en mouvement formé par le dos arrondi du raton-laveur dans la moitié supérieure et dans la courbe inférieure, la truite dont les mouchetures répètent le thème circulaire. L'artiste élabora ce tableau comme celui du blaireau. Il avait un arrière-plan bien équilibré en tons chauds et froids, un raton réussi et une truite acceptable, mais quelque chose d'important semblait manquer.

Une semaine passa, et un matin, Quinn trouva la clé du problème. Après le petit déjeuner, il reprit la peinture et ajouta une flaque d'eau et des reflets avec les mêmes couleurs que les lavis de l'arrière-plan. Cet ajout, plutôt neutre en lui-même, unifia les éléments et consolida l'oeuvre.

Peindre par couches successives

Thomas Quinn

Pour bien capter l'énergie débordante et la flexibilité caoutchouteuse de la loutre, Quinn fit une série de dessins basés sur ses observations sur le motif et sur ses propres photographies.

LA LOUTRE DE RIVIÈRE ET L'ÉGLANTIER

1984, acrylique et gouache, 54,6 cm x 104 cm

Des loutres de rivière viennent parfois dans une crique, non loin de l'atelier de Thomas Quinn, en Californie. Il aperçut aussi ces animaux enjoués, d'un mètre de long, dans un marais où, des églantiers voisinent des scirpes et des joncs. Quand l'artiste décida d'utiliser ce sujet pour un tableau, il se rendit chez une naturaliste de la région, pour photographier ses spécimens en captivité. «J'ai vite compris qu'il n'y a pas de moment idéal pour filmer la loutre de rivière. On gaspille tout simplement beaucoup de pellicule pour tenter d'arrêter le mouvement perpétuel.» Il compara ses résultats avec les comportements qu'il jugeait les plus typiques de l'animal, mais rien ne lui convint. Ce n'est qu'en combinant une demi-douzaine de poses qu'il put commencer à saisir la mobilité extraordinaire de la loutre.

L'artiste apprêta un panneau de gesso qu'il recouvrit ensuite d'un lavis d'acrylique en des tons dégradés, descendant du chaud au froid et en changeant en même temps de valeur moyenne à claire. Il appliqua ainsi sept ou huit minces couches de lavis composés d'un mélange d'ombre naturelle, ombre brûlée, outremer et noir de Mars, en laissant sécher complètement après chaque couche. La couche de base résistante et à l'épreuve de l'eau fournit partout une valeur moyenne sur laquelle Quinn pouvait peindre en ajoutant des tons plus foncés ou plus clairs. De plus, grâce à la couleur neutre du lavis, il lui restait une gamme entière de couleurs fortes où il pouvait puiser au besoin.

La seconde décision technique importante fut de tracer soigneusement la courbe d'un grand banc de sable horizontal, pour faire ressortir la courbe de la queue de la loutre. L'artiste dessina la forme au marqueur gris sur un papier de soie et la déplaça sur le panneau jusqu'à ce qu'il trouve la bonne position. Peint avec un mélange d'ombre naturelle, outremer et un peu de terre de Sienne naturelle, et neutralisé avec du noir de Mars, le banc de sable passe progressivement du clair au bord de la plage à légèrement plus foncé à mesure que le sol s'élève.

Utilisant un papier de soie semblable, Quinn fixa l'emplacement de la loutre et la crayonna légèrement. De généreux lavis d'acrylique composés de terre de Sienne naturelle, ombre naturelle, terre de Sienne brûlée, bleu azur, et un peu d'ombre brûlée, furent appliqués sur le dessin pour fixer le graphite et situer les articulations des membres, les surfaces planes et les autres structures, telles les pattes et la queue. L'artiste fit un grand effort pour utiliser la froide lumière réfléchie du ciel sur le plan supérieur et les nuances plus chaudes sur les plans qui réfléchissent la lumière du sol. Lorsque les valeurs furent établies, les zones plus pâles sur la face de la loutre furent ajoutées à la gouache blanc permanent. Puis, certaines parties du corps furent lustrées et retouchées avec plus de couleurs acryliques afin de mieux définir la tonalité générale de l'animal.

Quand les deux tiers de la loutre furent ébauchés, Quinn ajouta derrière elle les jets calligraphiés des ramilles et des fruits des églantiers à la gouache outremer et terre de Sienne brûlée, avec un pinceau en poils de martre n° 12. Les petites touches rouges opaques sont peintes en garance rose alizarine et gouache orange de cadmium; celles qui sont transparentes en rouge de cadmium clair et laque bourgogne.

Pour ajouter une touche inusitée de vert de gris, Quinn choisit comme proie de la loutre une espèce d'écrevisse locale. Elle fut d'abord peinte sur une feuille d'acétate transparent, afin de s'assurer que la couleur conviendrait au reste de la peinture. Plus tard, l'artiste étendit une bande turquoise au bord du banc de sable pour suggérer l'eau et pour apporter une variation avec la couleur du crustacé. Le corps de la loutre fut alors précisé par un glacis de gouache et d'acrylique, avant que les derniers détails, tels les yeux et les moustaches, ne fussent ajoutés.

Ce point atteint, Quinn décida qu'un élément au premier plan était essentiel pour compléter l'oeuvre. Il sélectionna quelques branches d'églantier ayant la même forme ovale que le banc de sable, l'arrière-train et la queue de la loutre. C'était là un momment critique, car le travail précédent pouvait être gâché par une erreur. «J'ai tendance à travailler comme un charpentier avec un plan et un peu de virtuosité avec les outils. Je déteste déchirer quelque chose et le refaire. Je veux le réussir du premier coup, chaque fois.» Il s'entraîna à peindre la végétation du premier plan sur des transparents jusqu'à ce qu'il fût sûr de sa composition, des valeurs, de la séquence technique et de l'équilibre des couleurs. Alors qu'il peignait la branche d'églantier, il ajouta en guise de fruits plusieurs petits points garance rose alizarine et de gouache orange de cadmium, rouge de cadmium clair transparent et laque bourgogne.

RIVAGES ET MAIGRES EAUX

Robert Bateman

Ken Carlson

Guy Coheleach

Don R. Eckelberry

Lars Jonsson

Roger Tory Peterson

Thomas Quinn

Robert Bateman, *Ressac et Bécasseaux sanderling*, 1979, acrylique, 60,9 cm x 91,4 cm

Peindre le sable par éclaboussures

Lars Jonsson

OISILLONS DU GRAND GRAVELOT

1981, 30 cm x 21 cm

L'artiste Lars Jonsson a peint en détail ce portrait intimiste d'oiseaux de rivages nouvellement éclos dans les dépressions de sable qui leur servent de nid, pour que l'observateur se sente en contact étroit avec les oisillons et les oeufs. Afin de ne pas déranger les oiseaux, il utilisa un télescope pour ébaucher la scène, travaillant par la suite à partir d'une coquille d'oeuf brisée, de galets, de coquillages et d'une photographie de jeunes bécasseaux.

Jonsson débuta la peinture en esquissant les principaux éléments; pour le fond, il appliqua un lavis transparent composé d'ocre jaune, noir, lilas, ombre brûlée, rouge et outremer. Protégeant les oiseaux avec une feuille d'acétate transparent, il éclaboussa la surface avec un pinceau plein de pigments de diverses couleurs pour simuler le jeu des nuances créé par des millions de grains de sable. Certaines zones furent traitées mouillé sur mouillé pour obtenir des taches plus larges qui semblent hors foyer, créant ainsi un effet de perspective. Le résultat de ce bariolage improvisé donne au tableau une impression de liberté et de naturel qui n'aurait pu être atteinte autrement.

Pour peindre les oisillons, l'artiste griffonna sur le papier humide des touches d'ombre foncée, permettant à la couleur de s'étendre et de se fondre aux zones environnantes. La technique du mouillé sur mouillé rend bien la douceur de leur duvet. Après que la surface eût séché, il ajouta les détails nécessaires, incluant quelques plumules en blanc opaque. Les oeufs, à peine de la grosseur d'une noix, furent élaborés graduellement, en une série de dix à quinze lavis transparents. Sur la surface encore humide, Jonsson épongea un peu de couleur pour créer des rehauts pâles, puis il renforça la forme des oeufs par quelques lavis chauds de lilas et de noir. Un lavis plus bleu se serait mélangé au jaune et aurait donné aux oeufs un ton verdâtre. Les taches furent ajoutées en trois couches: bleu grisâtre clair, ombre brulée pâle et noir brunâtre. Pour accentuer les formes arrondies des oeufs, Jonsson a soigneusement raccourci les mouchetures là où c'était nécessaire.

Cette peinture fait partie d'une série d'aquarelles, publiées plus tard en un livre qui dépeint la vie sur un petit banc de sable au large de la côte suédoise. L'ouvrage fut réalisé au cours d'un seul été, et pour l'artiste, ce fut «une saison intense de ciel, d'eau, de sons et d'ailes». Au cours de ses visites presque quotidiennes d'étude et de peinture, Jonsson en vint à se sentir partie intégrante de ce petit monde, qu'il observait souvent à leur hauteur, étendu tout près dans les herbes marines. Il surveilla le déroulement du cycle de vie, et vit les oisillons grandir et apprendre à voler, tandis que les plantes fleurissaient et donnaient leur semence, et que des volées d'oiseaux migrateurs utilisaient le banc de sable comme havre temporaire. À la fin d'août, «l'île» avait disparu, détruite par les premières tempêtes d'automne. Seules les peintures de l'artiste sont le témoin de son existence fugitive.

Créer une scène abstraite

Lars Jonsson

Avocettes à l'aube

1983, huile, 100 cm x 120 cm

Jonsson fit de nombreuses aquarelles d'avocettes sur une petite île au large de la côte suédoise. L'artiste se souvient de cette anecdote: «J'avais passé la nuit sur le rivage et je regardais vers l'île, attendant le lever du soleil. Dès qu'il apparut à l'horizon, les avocettes commencèrent à bouger. Les couleurs étaient fantastiques; le sable était brun foncé, et les oiseaux d'un beau turquoise se découpaient sur un contre-jour doré.» Jonsson esquissa la scène rapidement en utilisant des couleurs fortes.

Deux ans plus tard, l'artiste décida de peindre une grande huile sur le même sujet, mais en l'abordant de façon complètement différente. Il créa une composition simple, presque abstraite, basée sur trois grands champs de couleur: jaune, brun et jaune, avec trois oiseaux turquoise au centre. Il passa beaucoup de temps à calculer les bonnes proportions entre les trois nuances au fusain, puis il ébaucha le brun pour mieux sentir l'équilibre entre les zones claires et les aires sombres. Jonsson fit des esquisses sommaires qu'il découpa et déplaça sur la toile afin de bien situer les oiseaux; puis, il détermina la partie de l'eau avec un mélange composé principalement de jaune de Naples et de blanc. Une fois la composition de base bien établie, il renforça toutes les couleurs jusqu'à ce qu'elles atteignent leur propre densité.

Les avocettes furent peintes en bleu céruléum mêlé de blanc, et l'éclairage arrière en jaune de Naples. Les zones noirâtres sont un mélange de bleu de Prusse et laque de garance. Aux endroits où l'eau rencontre le sable et reflète le ciel, le bord du rivage contient un peu de bleu céruléum et les taches d'algues marines sont d'un rouge chaud, là où elles accrochent la lumière.

Ici, toute la scène et l'atmosphère qu'elle crée est le centre d'intérêt du tableau, et non les avocettes. Si l'artiste avait mis un éclat dans leurs yeux, il aurait attiré l'attention sur elles en tant qu'individus, ce qui aurait rompu le charme et supprimé le mystère. «Il est important de déterminer le message essentiel d'une oeuvre et de le laisser s'exprimer fortement et clairement», dit Jonsson. «Des détails, comme les couleurs supplémentaires, doivent soutenir l'intention originale et non la détourner. Essayez de ne dire qu'une chose à la fois, bien que votre message pourra être exprimé de quelque façon que vous choisirez.»

Cette aquarelle d'une avocette à l'aube, esquissée en des teintes vives de vert, bleu, orange et cramoisi, a servi de document de référence pour le grand tableau à l'huile.

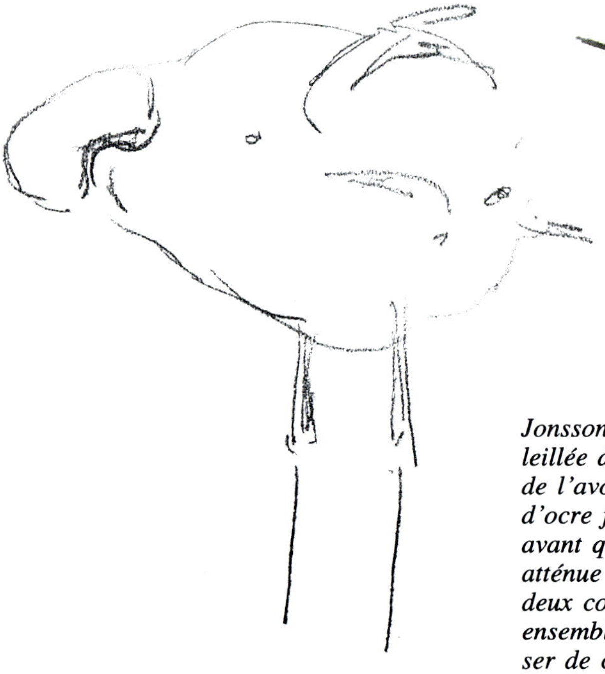

Jonsson rend la réflexion ensoleillée du sable sur le ventre de l'avocette par un lavis d'ocre jaune sur un fond bleu avant qu'il soit sec. L'ocre atténue un peu le bleu et les deux couleurs se fondent ensemble doucement, sans laisser de contour défini.

CROQUER VENTS ET BRUMES SUR LE VIF

Lars Jonsson

ÉTUDE DE JEUNE GRAVELOT — UNE JOURNÉE CHAUDE

1981, aquarelle, 18 cm x 12 cm

L'étude sur le vif d'un jeune gravelot fut faite rapidement et d'un style libre en mouillé sur mouillé. Par quelques touches seulement et une palette très limitée, l'artiste rend l'atmosphère d'une chaude journée d'été sur une plage suédoise, au moment où la lumière est d'un blanc éblouissant et les contours disparaissent dans la brume. Travaillant à partir d'une légère esquisse au crayon, Jonsson étendit un très pâle lavis de terre d'ombre brûlée en arrière-plan, puis délava certaines parties de l'oiseau, afin d'éviter une ligne de démarcation trop définie entre l'oiseau et le fond. La nuance plus pâle sur la partie supérieure de son ventre contraste avec l'arrière-plan plus sombre, créant un effet de lumière. L'artiste utilisa de l'ocre jaune et de la terre d'ombre brûlée pour le dos et la couronne du gravelot, appliquant plusieurs légers lavis pour modeler certaines formes et structurer l'oiseau. Avant que la surface ne sèche, il ajouta quelques tons sombres à l'arrière-plan et sur la face du gravelot. Pour terminer, l'artiste souligna le bas du corps de l'oiseau avec une zébrure de bleu transparent, travaillant rapidement afin de garder la couleur pâle et humide. Si la couleur avait séché trop foncée, il l'aurait retravaillée avec un pinceau détrempé et épongée jusqu'à ce qu'il obtienne l'effet voulu. L'étude fut achevée en dix minutes.

GRAND HÉRON AU VENT

1984, aquarelle, 32 cm x 24 cm

Complétée sur place en quelques minutes seulement, cette aquarelle est d'une spontanéité rarement égalée en atelier. Le portrait de ce Grand Héron fut fait un matin de printemps sur une île au large des côtes du Texas, au moment où des rafales de vent ébouriffaient les longues plumes du cou de l'oiseau et que le taux d'humidité atteignait 100%. Le papier d'aquarelle de l'artiste claquait au vent et les lavis ne voulaient pas sécher dans la chaleur humide. Le noir sur la couronne du héron se fondait avec les parties blanches autour, et il était difficile de l'empêcher de se mélanger aux lavis bleus et roses des autres zones. Malgré ces difficultés, cette étude compte parmi les favorites de ses oeuvres américaines. «Je l'aime spécialement parce qu'elle montre le caractère du héron», explique Jonsson. «Des esquisses très rapides à l'aquarelle peuvent capter les changements brusques de la nature. Ce tableau exprime le mouvement du vent d'une façon que l'on ne pourrait jamais reproduire par une aquarelle ou une huile plus élaborée.»

Jonsson fit une rapide esquisse à l'aquarelle, puis commença la vraie peinture, travaillant sur toute la surface en même temps. L'artiste laissa l'eau faire son travail autant que possible. Un lavis bleuâtre chevaucha légèrement un lavis jaune-gris sur l'aile. Afin de créer un arrière-plan à l'oiseau, l'artiste mélangea un vert de forte intensité avec des couleurs salies de sa boîte d'aquarelle, et en mit un peu entre les espaces blancs pour délimiter les plumes, puis étendit un soupçon lavis violacé. L'oeuvre entière fut achevée en quinze minutes.

DISSIMULER UN SUJET PAR UN EFFET LINÉAIRE
Thomas Quinn

BÉCASSINE DES MARAIS

1981, gouache, 76,2 cm x 101,6 cm

Au printemps, la bécassine exécute une parade aérienne des plus spectaculaires, et les vibrations de ses rectrices produisent un son sourd et insolite. Toutefois, lorsqu'il se pose, l'oiseau semble disparaître, ses rayures richement colorées se fondant parfaitement avec la végétation qui borde les marais et les marécages où il vit.

L'artiste californien Thomas Quinn voulait que l'oiseau, à la fois prudent et désinvolte, montré ici, possède cette qualité de sujet perdu et retrouvé. Il griffonna tout d'abord une petite esquisse au marqueur noir sur le dos d'une enveloppe qu'il agrandit plus tard à l'épidiascope. Le souchet, délicate plante des marais, qui camoufle souvent la présence d'une bécassine, fut peint à la gouache ombre naturelle, ocre jaune et noir d'ivoire, avec un pinceau en poils de martre n° 12. «Je décidai de laisser la surface du gesso blanche pour faciliter l'exécution du motif des tiges et des hampes des plantes», explique l'artiste. «Je tentai d'établir une cadence rythmique de coups de pinceau incisifs entrecoupés d'espaces neutres, un peu comme l'arrangement de notes dans une partition musicale.» Quinn sélectionna des formes intéressantes et des morceaux de souchet pour constituer un environnement aquatique, puis il mélangea du noir d'ivoire et de l'ombre brûlée et exécuta la cadence répétitive en peignant les reflets dans l'eau, tout en observant les lois de la perspective.

L'artiste fit plusieurs dessins de la bécassine sur papier de soie à partir de six spécimens différents. Remarquant les nombreuses et subtiles variations de proportions et de couleurs de plumage, il choisit le dessin qui se prêtait le mieux à la forme et à l'apparence du thème linéaire et le promena sur la toile jusqu'à ce qu'il trouve la bonne position. À l'aide d'un marqueur gris, il fit alors un autre calque de la réflexion de l'oiseau, reproduit en silhouette seulement et exempte de détails inutiles. La bécassine fut peinte en couches de peinture épaisses pour son plumage riche et dense, et minces pour les parties de dessous plus délicates, en un motif de barres, points, lignes et cercles, qui semble communiquer l'illusion tout à la fois de l'oiseau, et de son plumage. Après avoir peint l'oiseau, Quinn ajouta un épi de souchet au premier plan, afin de créer une arabesque avec les lignes des autres herbes, et ainsi distraire l'oeil. Finalement, il rogna l'oeuvre complète de façon à avantager certains rectangles neutres, et accentuer l'austérité du dessin. Ceci fut fait en déplaçant et ajustant des bandes de 7,5 cm de carton mat tenues en place par des punaises.

«La façon de présenter les éléments de l'habitat est le moyen le plus naturel pour mettre en relief ou pour camoufler l'habitant», dit Quinn. «Une composition réussie peut parfois tenir l'oeil de l'observateur éloigné du sujet par des pièges ou de fausses pistes résultant du traitement de la couleur, du contraste, de la texture et de la forme.» Ses efforts pour camoufler la bécassine furent si réussis que la peinture, en une occasion, a failli être reproduite à l'envers.

Créer une ambiance avec l'arrière-plan

Thomas Quinn

Canards pilets aux aguets et Pluvier kildir

1982, crayon, gouache et acrylique, 72 cm x 97 cm

Deux Canards pilets aux aguets, dont l'un le cou étiré, interrompent leur repas, attentifs au cri d'alarme d'un Pluvier kildir en vol. Si l'urgence l'exige, ils s'envoleront immédiatement de la surface de l'eau dans une agitation d'eau et d'ailes. Thomas Quinn voulait capter ce moment d'immobilité et de tension précédant l'envol et relever le défi de créer une composition des plus satisfaisantes de deux oiseaux côte à côte, formant un dessin avec le motif de leurs plumages.

L'artiste commença par couvrir un panneau d'un gesso grumeleux d'acrylique composé de noir de mars et de jaune orange Azo qu'il dosa de la valeur moyenne à l'infini avec de l'eau claire. Se référant à de petites esquisses et à des ébauches sur papier de soie, il crayonna les canards sur le panneau, puis ajouta de nombreuses herbes aquatiques et leurs reflets correspondants à la gouache transparente. «J'ai souvent l'impression de peindre plus facilement lorsque je mets l'habitat en place avant d'investir beaucoup de temps et de précision dans les sujets principaux», explique l'artiste. «Cela m'aide aussi à établir une ambiance, le moment du jour, la densité, l'espace et l'équilibre de la composition.»

Quinn peignit ensuite les formes des canards et ajouta leurs reflets avec un gros pinceau en poils de martre. S'inspirant de spécimens de Canards pilets congelés, il dessina les lignes délicates de leur plumage et de leur forme avec un crayon graphite 4B. Après avoir utilisé des acryliques noirs et blancs légers, il repeint les mêmes zones avec des noirs et des blancs de force maximale en gouache opaque. La couleur de la tête du Canard pilet varie d'un brun foncé à la couronne aux roses et verts pâles irisés à la partie supérieure du cou. À partir d'un bariolage brun riche composé de rouge havane et de vert de Winsor, Quinn continua avec le rose en mélangeant du rouge de cadmium clair et du blanc avec le brun. Le vert acide fut ajouté avec une touche de vert permanent clair. Quinn hésita pendant deux semaines avant d'ajouter le Pluvier kildir, craignant qu'il n'attirât trop l'attention. Finalement, il réalisa que cette addition apporterait une touche naturelle tant à la composition qu'à la vie du marais.

S'appuyant sur la beauté intrinsèque des traits caractéristiques du Pluvier kildir, Quinn choisit soigneusement la taille, le volume et le nombre de traits de pinceau, de façon à ce qu'il ne rivalise pas avec le sujet principal.

PEINDRE LES OISILLONS

Thomas Quinn

JEUNES CANARDS COLVERTS

1981, acrylique et gouache, 33 cm x 48 cm

Depuis des années, Thomas Quinn trouve le spectacle des jeunes colverts domestiques explorant et fourrageant, visuellement irrésistible. Ici, il décida de répéter un caneton dans différentes postures afin d'en examiner la forme, et pour suggérer son comportement en groupe.

Quinn commença par étendre graduellement un lavis d'eau et un mélange dilué d'ombre brûlée et de noir de mars sur un panneau de gesso incliné. Après séchage de la peinture, le panneau fut tourné de façon à ce que la partie la plus sombre et la plus dense, soit à gauche, ce qui lui permit de contrôler la dynamique par le contraste des positions, les oiseaux se déplaçant de gauche à droite.

Lorsque Quinn commença à peindre, il n'avait pas de nombre spécifique de canetons en tête, mais il voulait assez d'oiseaux pour développer des variations sur un thème et pour suggérer une couvée complète. Le premier lavis pâle pour couvrir tout le fond fut un mélange d'acrylique d'ombre naturelle et de noir de mars. En cours de séchage, suivirent de minces applications de gouache provenant des mêmes tubes de couleurs que celles qui représentaient les formes des oisillons, suivies de lavis de terre de Sienne naturelle et d'ocre jaune pour diverses zones ou taches claires. Les becs et les pattes des canetons furent peints d'un mélange de terre de Sienne brûlée et d'outremer, et leurs yeux en ombre brûlée et noir d'ivoire. Quinn ajouta chaque élément des canetons jusqu'à l'obtention d'un bon équilibre omettant délibérément en cours de route certains détails des canetons de gauche, ce qui donna au lavis de l'arrière-plan un effet de présence et d'atmosphère. Des tiges de souchet provenant de l'herbier de l'artiste furent introduites pour répartir l'espace.

OISON BERNACHE DU CANADA

1983, acrylique, 25,4 cm x 33 cm

L'envie de peindre un oison vint à Tom Quinn alors qu'il élevait plusieurs Bernaches du Canada, à partir de l'oeuf. N'ayant pas de parents naturels, elles s'étaient attachées à l'artiste et le suivaient partout. Quinn voulait peindre un de ses enfants à charge avant qu'ils ne deviennent adultes; il décida donc de le faire comme un exercice d'observation sans sentimentalisme, plutôt que de réaliser une oeuvre définitive.

En accord avec la taille du sujet et pour restreindre des ambitions trop élaborées, il commença sur un petit carton d'environ 30 cm de côté qu'il passa au gesso. Quinn couvrit d'abord la surface de plusieurs minces lavis d'acrylique d'ombre brûlée, de bleu céruléum et d'une touche de noir de mars. Puis, il fit un dessin léger au crayon de la jeune bernache sur le carton, et étendit de minces lavis de terre de Sienne naturelle transparente et de noir d'ivoire qui donnèrent une vague impression de duvet.

Un spécimen d'oison fut utilisé pour vérifier les proportions, la structure du bec et les traits caractéristiques, mais des modèles vivants fournirent les derniers détails. La pâleur subtile du cou et de la tête incita Quinn à employer une manière rarement utilisée: avec une lame de rasoir, il racla jusqu'à la couche de gesso toutes les couches de peinture élaborées dans ces endroits; il repeint ensuite ces surfaces en utilisant des applications de gouache transparente en jaune de Naples avec une variation de mélanges. Les couleurs foncées du bec furent tracées en outremer et ombre brûlée, avec un pinceau en poils de martre médium, alors que les vrais noirs furent réservés pour l'oeil intelligent du jeune oison.

DÉFINIR FORMES, COULEURS ET OMBRES LORS DE L'APPRÊT

Ken Carlson

CANARDS COLVERTS

1983, huile, 15 cm x 45,7 cm

Le format inhabituel de cette petite peinture fut décidé alors que l'artiste Ken Carlson s'amusait à dessiner des lignes autour d'une esquisse miniature d'un groupe de canards. Ayant réduit l'arrière-plan, il réalisa que la composition avait besoin de plus d'espace à droite. Alors qu'il continuait à déplacer les lignes autour du motif, il conçut soudain une nouvelle forme ayant une proportion de trois pour un, qu'il trouva attrayante.

Carlson résout habituellement tous ses problèmes en donnant à l'apprêt les tonalités qui se rapprochent de ce qu'il veut obtenir comme apparence finale. Là où une zone sombre devra être rehaussée, comme les têtes des colverts mâles, il applique une couche foncée et pour éviter un effet boueux, il laisse sécher cette couche avant d'ajouter avec un pinceau sec un accent lumineux bien défini. Lorsque l'artiste veut modeler une zone plus pâle, comme le dos des canards, il peint d'abord une valeur moyenne, puis applique une teinte plus pâle pour définir la forme. Dans les deux cas, Carlson laisse une grande partie de la couche de base transparaître, et il fait un fondu avec certaines de ses couleurs de base. Carlson travaille toute la toile à la fois, établissant l'atmosphère du tableau dès qu'il le peut. Parfois, il termine d'abord le sujet principal, parfois il attend. L'artiste explique: «Si la peinture progresse bien, je ne m'en soucie pas, mais si je me trouve en train de fignoler trop de détails, je détermine le centre d'attraction immédiatement. Autrement, mon oeil retourne toujours aux parties les mieux finies et j'ai tendance à les exagérer.»

Ici, Carlson utilisa des bruns chauds et des dorés pour suggérer l'ambiance sereine de la brunante. L'eau illuminée est peinte avec un mélange de jaune de cadmium, ocre jaune et blanc; les zones d'ombre sont peintes en vermillon, bleu de cobalt, vert permanent clair et ombre naturelle. Les canards, dont les corps contiennent toutes les couleurs de l'eau, sont montrés sous différentes positions pour que la lumière les éclaire à la fois par derrière et de côté. Les roseaux furent peints à main levée en jaune de cadmium et terre de Sienne brulée, avec une spontanéité qui donne fraîcheur et énergie à l'oeuvre.

Dans ce gros plan de canard du premier plan, on voit qu'en définissant la forme par la couleur et l'ombre, l'artiste donne un effet de plumage sans avoir à peindre chaque plume individuellement.

CAPTER LES REFLETS IRISÉS DES PLUMES

Guy Coheleach

CANARDS COLVERTS

1979, gouache, 50,8 cm x 66 cm

En train de s'envoler d'un étang invisible, un trio de colverts est peint en détails extraordinaires, sur un arrière-plan uni, pour fournir à l'oeil de l'observateur une aire de repos. L'artiste, Guy Coheleach, déplaça ici et là des papiers de soie pour trouver la bonne position de chaque oiseau, puis transposa ses dessins fort détaillés sur un carton d'illustration qu'il couvrit d'un papier calque pour le garder propre. Enlevant le papier de soie sur tout juste la portion qu'il voulait peindre, il commença par l'aile relevée du canard du haut puis procéda méthodiquement vers le bas, pour finir par la queue du canard du bas.

Pour rendre le vert irisé des têtes des canards, effet causé par la dispersion des rayons lumineux sur la surface des plumes, Coheleach peignit ces têtes avec beaucoup de contraste, permettant à un peu de vert permanent clair de ressortir des zones asssombries par du violet spectral et de l'outremer. Le rectangle brillant de l'aile (le speculum ou miroir) de la femelle est fait d'outremer et de violet spectral directement sortis du tube. Les autres couleurs du tableau ayant été atténuées, l'impact des pigments purs s'en trouve exagéré. Coheleach distordit l'angle de l'aile de la femelle pour montrer les deux reflets irisés ensemble. Toutefois, cet effet bicolore n'est pas visible dans la nature, car les oiseaux se déplacent si rapidement que l'oeil perçoit toutes les couleurs simultanément.

Les plumes brunes des ailes déployées de la femelle furent élaborées avec des glacis d'ombre naturelle et de terre de Sienne naturelle, en plus sombre et plus épais sur les rémiges primaires les plus extérieures, et plus clairs et plus minces sur les plumes plus près du corps. L'artiste dessina soigneusement chaque axe et chaque cassure des plumes, ajouta les lavis, puis reprit les détails à nouveau. Le modelé des plumes blanches fut encore plus délicat. Là où les groupes de plumes changeaient brusquement de couleur, Coheleach étendit un lavis initial très pâle sur le côté le plus sombre, afin de se souvenir de ne pas peindre la première couleur au delà de ce point. Pour les ailes déployées des mâles, il commença par un lavis clair pour se rappeler l'emplacement des ombres, puis il appliqua trois glacis, allant du foncé au presque blanc. Les parties inférieures pâles des oiseaux furent traitées de la même façon.

Les poitrines marron des mâles sont terre de Sienne brûlée mélangée d'un peu de violet spectral et d'outremer; leurs becs sont jaune de cadmium clair. Les pattes et le bec de la femelle sont jaune de cadmium et jaune souci clair affiné d'un peu d'orange de cadmium et de rouge de cadmium pâle.

Coheleach rend l'irisation de l'aile de la femelle colvert en montrant les deux teintes brillantes en même temps, alors que dans la nature l'oeil ne peut percevoir qu'une seule couleur à la fois.

Glacis et frottis

Roger Tory Peterson

Macareux moines

1979, acrylique, 71,1 cm x 96,5 cm

Roger Tory Peterson est reconnu pour ses profils d'oiseaux dans ses guides d'identification, et pour ses peintures décoratives de style audubonesque. Par son éclairage latéral, sa dynamique spatiale et son modelé tridimensionnel, *Macareux moines* représente vraiment le style du peintre. Ornithologue chevronné, l'artiste fut capable de combiner les éléments de travaux sur le motif dans deux continents pour créer une composition représentant une scène des Provinces Maritimes où des millions de ces oiseaux de mer colorés se réunissent chaque printemps pour nidifier et élever leurs petits. Les oiseaux sont le résultat de nombreuses observations, esquisses et photographies de colonies de macareux de Terre-Neuve et de la côte est de l'Angleterre; les rochers furent esquissés à Newport, au Rhode Island; et l'eau est un composite d'éléments conformes en couleur et lumière à la côte des Maritimes.

Peterson arriva à cette composition en découpant des esquisses qu'il déplaça sur la toile jusqu'à trouver un arrangement agréable. Travaillant du clair au foncé, il étendit tout d'abord les traits caractéristiques noirs et blancs des oiseaux en une série de minces glacis transparents. Les rehauts opaques plus pâles et le modelé furent appliqués sur les zones sombres en utilisant la couleur du corps avec du blanc, par la technique du frottis. Les parties inférieures blanches des macareux représentent un mélange de plusieurs couleurs reflétant le ciel, les rochers et l'eau. Leurs becs brillants furent tout d'abord peints en jaune puis recouverts d'un mince glacis rouge, ce qui permit au jaune de transparaître.

De nombreux glacis clairs en différents verts et bleus furent employés pour l'eau, avec quelques touches sur les récifs distants pour évoquer le reflux de l'eau. Peterson fut particulièrement satisfait de l'effet des filets d'eau s'écoulant du récif dans le coin supérieur gauche. Comme l'eau est toujours en mouvement, l'artiste suggère d'improviser plutôt que d'essayer de copier une photographie statique, car parfois, des passages fortuits ont une fluidité et comportent une émotion que l'artiste ne pourrait obtenir à partir d'une image.

Peterson recouvrit les rochers d'une épaisse couche de peinture utilisant une brosse en soies de porc pour en reproduire la surface rugueuse et gratta ensuite avec une lame de rasoir pour y ajouter de la texture. Peterson croit que s'il avait à refaire le tableau, il mettrait moins d'oiseaux et ajouterait un peu d'huile pour donner plus de fluidité à la peinture.

rson —'79

Saisir l'ambiance avec quelques coups de pinceau

Don R. Eckelberry

EIDERS EN VOL VERS LE LARGE

1978, acrylique, 45,7 cm x 76,2 cm

Don Eckelberry, illustrateur d'oiseaux des plus respectés en Amérique, est un peintre au style libre, où l'accent est mis sur l'atmosphère et l'émotion plutôt que sur des détails précis.

Ainsi, c'est avec une économie de coups de pinceau, qu'il rend l'impression d'une mer vitreuse et d'un temps couvert le long de la côte nord-est. La scène baigne dans une douce lumière; le ciel et la mer se fondent au loin, sans horizon. Eckelberry est un peintre calme, qui préfère montrer un oiseau ou une scène dans leur état normal. Cette oeuvre n'est pas dominée par d'énormes vagues se brisant sur les récifs; la mer roule plutôt vers la côte en ondulant doucement. Cet artiste pense spatialement et peut imprégner d'une grande profondeur une scène réduite à quelques traits essentiels.

Les éléments du tableau *Eiders en vol vers le large* furent peints à l'acrylique directement sur la toile. Eckelberry trouve que ce médium combine la rapidité de l'aquarelle avec la vaste gamme de l'huile. La scène fut peinte sur un fond gris, ce qui lui donne une cohésion fondamentale. Eckelberry travailla au delà et en deçà des valeurs moyennes. «Lorsque je peins dans un but esthétique plutôt que scientifique, dit l'artiste, je travaille habituellement sur toute la scène, l'élaborant uniformément, jusqu'à ce qu'*elle me dise*: je suis terminée, ce qui arrive souvent plus tôt que prévu, et parfois plus tard.» Eckelberry appliqua les noirs en transparence, en employant l'acrylique en minces lavis, comme pour l'aquarelle. Pour rehausser les valeurs des tons plus clairs sur les récifs et l'eau, l'artiste travailla en peinture opaque. Lorsque les masses rocheuses furent situées, il ajouta quelques touches bleuâtres et violettes, pour leur donner forme, et termina le paysage marin par de vigoureux coups de pinceau de peinture blanche, ce qui donna à l'oeuvre beaucoup de caractère et de vie. Le ciel et quelques parties de l'eau demeurèrent non peints. Eckelberry ajouta les deux canards à la toute fin. «Étant un amateur d'oiseau, je mets des oiseaux, sans que soit une peinture d'oiseau,» dit-il. «C'est une peinture qui contient des oiseaux mais ils ne sont là que pour l'équilibre de la composition.» L'oeuvre entière fut achevée en moins de quatre heures. L'artiste estime que pour certains effets émotifs, la rapidité est essentielle.

Même s'ils ne sont pas peints pour l'identification, tous les oiseaux d'Eckelberry sont clairement identifiables. Ici, les motifs noirs et blancs ainsi que les traits caractéristiques vert pâle et chamois illustrent bien des Eiders à duvet mâles en plumage de pariade.

Créer des motifs et des lignes de force rythmiques

Robert Bateman

Martin-pêcheur d'Amérique et peuplier faux-tremble

1981, acrylique, 62,2 cm x 75 cm

Selon Robert Bateman, le martin-pêcheur symbolise les eaux bleu clair du nord de son pays, le Canada, et l'arbre au feuillage automnal le plus typique, est le peuplier faux-tremble. L'artiste voulait créer une scène dominée par des ondes rythmiques de couleurs chatoyantes plutôt qu'une peinture avec un fort centre d'intérêt. En dégradant la tonalité des feuilles du doré foncé au jaune clair, et en modulant l'eau de façon inverse, du bleu clair au bleu foncé, il crée un croisement lustré au centre de l'image.

Bateman ébaucha d'abord l'arbre, qui occupe tout le tableau, et indiqua les principaux emplacements des feuilles par des taches de jaune et de doré. Puis, il peignit le martin-pêcheur sur un morceau de carton bristol, découpa la silhouette, le fixa au tableau avec un ruban gommé et le déplaça sur la toile pour trouver le meilleur emplacement. En faisant voler l'oiseau vers l'extérieur de la scène, l'artiste donne la sensation d'un événement fugitif, tel un instantané photographique.

L'arbre présentait un défi technique difficile. Les feuilles de tremble semblent miroiter et trembler dans le vent à cause de leurs pétioles aplatis. L'artiste fit de soigneuses esquisses des feuilles d'un tremble croissant près de son atelier, et retourna même sur le site plusieurs fois pour dessiner l'attache des ramilles de l'arbre dénudé et déterminer le point d'origine de chaque feuille. Il saisit le mouvement frémissant du tremble en reproduisant fidèlement l'angle des feuilles et établit des variations de profondeur par la position des ramilles et des branches. Pour ce tableau, Bateman a peut-être subi inconsciemment l'influence de l'art optique de Victor Vasarely, où les couleurs changent graduellement d'intensité, et du style coulant et éclaboussé des toiles de Jackson Pollock, deux artistes contemporains.

Bateman peignit le martin-pêcheur à partir d'un spécimen congelé. Les motifs de plumes du dos et des ailes sont parallèles aux ondulations de l'eau. Les plumes peintes individuellement en dégradé du clair au foncé et avec plus ou moins de détails reconstituent la forme de son corps. Les ailes sont élaborées par couches alternées de glacis bleu grisâtre transparents et de glacis blancs semi-transparents, assombris par un mélange d'outremer et d'ocre jaune. Des rehauts dans les zones ombragées accentuent davantage la sensation de légèreté et d'espace.

BIOGRAPHIE DES ARTISTES

Robert Bateman

Allen Blagden

Ken Carlson

Raymond Ching

Guy Coheleach

Don R. Eckelberry

Bob Kuhn

Lars Jonsson

Roger Tory Peterson

Thomas Quinn

John Seerey-Lester

ROBERT BATEMAN

Colibri à gorge rubis et ancolie du Canada, 1983, acrylique, 30,4 cm x 40,5 cm.

Photo: Norman Lightfoot

«L'art est comme la musique», dit Robert Bateman. «Vous orchestrez le tableau, lui donnant un thème qui revient comme un leitmotiv.» Bateman, né à Toronto en 1930, commença à «orchestrer» ses peintures dès l'âge de douze ans. Depuis, il a surtout été influencé par Andrew Wyeth, Rockwell Kent, Franz Kline et Joseph Albers. Il obtint un baccalauréat en géographie, heureuse discipline pour un homme qui croit à l'observation de ses sujets dans leur environnement naturel.

Bateman a fait l'objet de cinq films, de nombreux articles de revues spécialisées et de quatre livres dont *L'art de Robert Bateman* qui fut classé deuxième sur la liste des best-sellers canadiens. Son plus récent livre a pour titre *Le monde de Robert Bateman*. En 1984, il fut nommé Officier de l'Ordre du Canada, le plus grand titre honorifique de son pays. Ses oeuvres se retrouvent dans des collections sur quatre continents, incluant la Grande-Bretagne — le cadeau de mariage offert au Prince Charles par le Canada fut une oeuvre de Bateman: *Reflets du Nord — Famille de Huarts*. Bateman est représenté par Mill Pond Press de Venice, en Floride.

ALLEN BLAGDEN

Bernaches à cou roux, 1980, aquarelle, 55,8 cm x 76,2 cm.

Allen Blagden commença sa formation à l'âge de dix ans avec son père, l'artiste et professeur Thomas Blagden. En 1962, il obtint un baccalauréat en arts, à l'école des Beaux-arts de l'université Cornell. Cette même année, son intérêt constant en ornithologie, l'amena au Kenya pour l'illustration d'un guide d'identification des oiseaux du parc national Serengeti. Au cours de l'année qui a suivi son retour aux États-Unis, il devint illustrateur au département d'ornithologie de la Smithsonian Institution à Washington. Outre ses peintures d'oiseaux, ses portraits et ses paysages de la Nouvelle-Angleterre sont bien connus, car ils reflètent bien son profond attachement à Salisbury au Connecticut, où il a grandi et continue de vivre. L'artiste possède aussi un atelier à New York.

Blagden reçut un prix de l'Alliance des artistes américains pour la meilleure «première» exposition solo en 1964, la médaille du Century Club's Century Association en 1970, un certificat d'honneur de la National Academy of Design en 1976, et le Ranger Purchase Prize en 1981. Depuis 1964, il expose régulièrement en groupe ou seul aux États-Unis et à l'étranger, entre autres en France, la Galerie de Paris; à Londres, la Trafford Gallery; à Hartford au Connecticut, la Wadsworth Atheneum; et à New York, la Frank Rehn Gallery et la Kennedy Galleries qui le représente.

Ken Carlson

Antilopes d'Amérique dans les buissons d'armoise, 1984, huile, 60,9 cm x 101,6 cm.

Ken Carlson grandit à Morten, petit village de trois cents habitants au Minnesota, où son seul accès au monde de l'art était les périodiques illustrés mensuels. Cependant, il voulait devenir artiste, et sa formation commença à l'âge de seize ans avec le peintre animalier Walter J. Wilwerding à la Art Instruction School de Minneapolis. Il poursuivit ses études au Minneapolis Art Institute, pour continuer par une carrière en publicité, télévision et journalisme, avant de déménager en Californie pour y faire de l'illustration comme pigiste. En 1970, Carlson commença à se consacrer à plein temps à la peinture animalière et dix ans plus tard, il déménagea au Montana, ce qui le plaçait au coeur même des Montagnes Rocheuses, lieu de ses futurs tableaux animaliers.

Carlson atteignit une envergure nationale avec ses illustrations pour timbres-postes, dont: en 1979-1980, le National Wild Turkey Federation Stamp; en 1982, le Foundation for North American Wild Sheep Stamp, et le Texas Duck Stamp; en 1984, le Boone and Crockett Stamp et le First Texas Turkey Stamp; en 1985, le First Texas Nongame Stamp. Actuellement, Carlson réside dans les collines du Texas et est représenté par Collectors Covey à Dallas, au Texas.

RAYMOND CHING

Raymond Ching, dont le nom est d'origine celte, naquit en 1939, à Wellington, ville située à l'extrémité sud de l'Île du Nord (nommée île Fumante) de la Nouvelle-Zélande. Ses grands-parents s'y étaient établis vers 1830, après avoir quitté l'Angleterre pour aller vivre au Nouveau Monde. Dès l'âge de douze ans, il laissa tomber l'école et demeura un gamin des rues jusqu'à ses dix-neuf ans, moment où sa chance tourna. Ayant rencontré deux artistes qui l'invitèrent à participer à un cours de dessin, le soir, il se découvrit un talent naturel et depuis, il est connu dans le monde entier pour ses peintures extraordinaires d'oiseaux.

Les oeuvres de Ching ont été présentées dans des expositions en Angleterre, aux États-Unis et en Australie, et figurent dans de nombreuses collections publiques et privées. Il possède deux ateliers permanents l'un en Nouvelle-Zélande et l'autre en Angleterre, où il revient terminer ses tableaux à partir de dessins et d'études exécutés lors de ses nombreux voyages.

En 1968, Ching peignit des planches pour le *Reader's Digest Book of British Birds*, et en 1978, le grand volume in-folio *The Bird Paintings*. Suivit en 1981, *Studies and Sketches of a Bird Painter*, et la même année *The Art of Raymond Ching* fut publié. Ching est représenté à Lorton en Virginie par Russel A. Fink. Les reproductions de ses oeuvres sont disponibles chez Collectors Cowey à Dallas, au Texas.

Toucan à bec plat des montagnes, 1978, huile, 48,2 cm x 35,5 cm.

GUY COHELEACH

Famille de loups-cerviers, 1984, huile, 48,2 cm x 63,5 cm.

Guy Coheleach (prononcez kô-li-ak) quitta la jungle du monde de la publicité de l'avenue Madison à New York, pour aller étudier les animaux dans la vraie jungle. Il fut pris en chasse par des éléphants, il a traqué des lions et des rhinocéros, et capturé des serpents partout dans le monde. Pas étonnant que Coheleach soit membre du Club des Explorateurs et ait été le plus jeune membre jamais admis au Club des Aventuriers de New York.

Sa peinture fut influencée par Carl Rungius, Bruno Liljefors, Louis Agaziz Fuertes et Don R. Eckelberry. Des peintures de Coheleach, diplômé de la Cooper Union Art School, figurent dans des collections privées et se retrouvent aussi à la Corcoran Gallery, aux archives de la Maison Blanche et à la Smithsonian Institution, toutes à Washington, D.C., où des reproductions de son aigle américain sont offertes aux chefs d'état en visite. Son livre *The Big Cats* (Les grands félins) a été publié par Harry N. Abrams, en 1982. Coheleach est représenté par The Wooden Bird à Plymouth, au Minnesota, aussi distributeur des reproductions de ses oeuvres, et par Pandion Art à Stuart, en Floride.

DON R. ECKELBERRY

Passer de la peinture de chevalet à l'illustration scientifique est facile pour Don R. Eckelberry, qui, dès son jeune âge, étudia attentivement la vie animale en parcourant les forêts de l'Ohio. À quinze ans, il avait déjà organisé un club d'observation d'oiseaux, écrivait des articles sur la nature pour deux journaux, suivait des cours d'été en art, et montait une exposition solo. Eckelberry poursuivit ses études au Cleveland Institute of Art et fut engagé par la Société nationale Audubon comme naturaliste et artiste. Il quitta ce poste pour devenir artiste pigiste, et illustra de nombreux magazines ainsi que quatorze livres, parmi lesquels les *Audubon Bird Guides*, *Our Amazing Birds*, et après s'être orienté vers les tropiques, *Birds of the West Indies* et *Life Histories of Central American Birds*. En 1979, Eckelberry fut le médaillé de Master Wildlife Art du Leigh Yawkey Woodson Museum of Art, du Wisconsin. Sa peinture fut influencée par Fuertes, Liljefors et Audubon, et à son tour, Eckelberry a influencé plusieurs jeunes artistes contemporains. Il fonda le premier centre de nature des Caraïbes, sur l'île de Trinidad où il fit plusieurs peintures sur le motif dont certaines peuvent être admirées dans le *Guide to the Birds of Trinidad and Tobago*.

Cormorans au nid, 1962, huile, 45,7 cm x 35,5 cm.

Bob Kuhn

Lions attendant la tombée de la nuit, 1974, acrylique, 60,9 cm x 121,9 cm.

Bob Kuhn fit ses études à l'Institut Pratt de New York. Il fit des illustrations pour des magazines tels entre autres, Reader's Digest, True, Argosy, Field & Stream et Outdoor Life, ainsi que pour des agences de publicité et des éditeurs de calendriers. À l'âge de cinq ans, lors de sa première visite au zoo de Buffalo, sa ville natale, il commença à observer les animaux, et n'a pas cessé depuis. Après que les peintures résultant de ses expéditions en Amérique du Nord et en Afrique furent exposées et vendues, Kuhn délaissa l'illustration commerciale pour peindre les animaux de son choix. Depuis, il exerce une influence prépondérante sur l'oeuvre de nombreux autres peintres animaliers.

Récipiendaire de prix de la National Academy of Western Art Annual Show, du National Cowboy Hall of Fame et de la Society of Animal Artists, Kuhn produisit plusieurs reproductions à tirage limité, et ses peintures se retrouvent dans beaucoup de collections publiques et privées dans le monde. Son oeuvre fut mise en valeur dans *The Animal Art of Bob Kuhn*, édité par North Light Publishers. Kuhn est représenté par Collectors Covey de Dallas au Texas; The Sportmans Edge, King Gallery de New York; et Settler's West de Tucson en Arizona.

Lars Jonsson

Né en 1952, le peintre d'oiseaux suédois Lars Jonsson, débuta sa carrière d'artiste à l'âge de quinze ans, par une exposition au Musée national d'histoire naturelle de Stockholm. Il produisit un guide d'identification des oiseaux européens en plusieurs volumes, publié dans huit pays, ainsi que *Bird Island*, livre d'aquarelles et de textes. Jonsson a exposé ses oeuvres dans des musées et galeries en Suède, en Angleterre et en Amérique du Nord, où ses oeuvres ont été présentées au Leigh Yawkey Woodson Art Museum au Wisconsin, à l'Alaska Wildlife Art Exhibition, et à l'Animals in Art Show du Musée royal de l'Ontario à Toronto. Sa peinture d'un Faucon gerfaut a orné un timbre-poste, reconnu comme le plus beau timbre de Suède en 1982. Autodidacte, Jonsson fut influencé par les oeuvres de Liljefors, Fuertes et Paul Robert. Il est représenté par Mill Pond Press de Venice en Floride.

Chevalier sylvain, 1981, aquarelle, 32 cm x 24 cm.

ROGER TORY PETERSON

Lueurs arctiques - Harfang des neiges, 1983, huile et acrylique, 139,7 cm x 88,9 cm.

«Je suis un visuel, obsédé par les oiseaux et possédé par le désir de les faire connaître», dit l'ornithologue, artiste, historien et conférencier Roger Tory Peterson. C'est d'ailleurs ce qu'il a toujours fait depuis 1934, alors que son premier *Guide d'identification des Oiseaux* et son système de repérage (flèches indiquant les principaux traits caractéristiques) déclencha une explosion de nouveaux observateurs d'oiseaux, et établit le standard d'évaluation des autres guides semblables publiés en douze langues. Le guide, refusé par cinq éditeurs, fut enfin édité et vendu à plus de trois millions d'exemplaires par Houghton-Mifflin qui, en 1984, publia une édition spéciale pour en célébrer le 50e anniversaire.

Peterson, qui étudia à l'Art Students League et au National Academy of Design, avec Kimon Nicolaides et John Sloan, peint avec autant de facilité des oeuvres de style académique que décoratif à la Audubon. Ancien membre de l'équipe de direction et conférencier à la Société nationale Audubon il oeuvre au sein de cette société en tant que Conseiller. Il a reçu treize diplômes honorifiques ainsi que la Presidential Medal of Freedom, la plus haute distinction honorifique pour un citoyen américain. Peterson est représenté par Mill Pond Press de Venice en Floride.

Photo: Russ Kinne

THOMAS QUINN

Cavaliers des vagues, 1984, gouache, 94,6 cm x 152,8 cm.

Les tableaux de Louis Agassiz Fuertes dans *Wild Animals of North America* ont peut-être éveillé l'intérêt de Thomas Quinn pour la peinture, mais de son côté, l'artiste croit que Rembrandt, Velasquez, Li An-Chung et Maruyama Okyo, exercèrent sur lui une influence constante. Il raffina son talent au Art Center College of Design de Californie d'où il sortit diplômé avec distinction, puis se mit à travailler dans l'illustration, surtout d'individus, pour le Saturday Evening Post, True, Field & Stream, Argosy, Outdoor Life, Reader's Digest et Sports Afield. Après une grave maladie en 1966, Quinn redécouvrit lcs animaux. Il débuta la peinture animalière avec beaucoup d'intensité et entreprit le dressage de Labrador-Retrievers. Onze de ses chiens gagnèrent d'importants championnats de concours sur le terrain et son livre *The Working Retrievers*, paru en 1983, reçut d'élogieuses critiques tant pour son style que pour son contenu.

Quinn est représenté par Hayden-Hays Gallery de Colorado Springs au Colorado; Collectors Cowey de Dallas au Texas; The King Gallery de New York; et Mill Pond Press de Venice en Floride.

JOHN SEEREY-LESTER

Pêcheur solitaire — Le Grand Héron, 1983, huile, 76,2 cm x 60,9 cm.

Au fil des ans, la vie sauvage de l'Afrique de l'Est et de l'Amérique du Nord a évincé l'aviation, le paysage, la noblesse anglaise et les sports des toiles de John Seerey-Lester qui obtint sa première commande à treize ans, alors qu'il étudiait en design graphique et peinture au Salford Technical College de son Angleterre natale. Il travailla pour diverses agences publicitaires, fut chargé d'édition d'un magazine masculin britannique et écrivit des discours pour des membres du Parlement. Il se consacra entièrement à la peinture, à la suite d'expositions-solo en 1973. L'art de Seerey-Lester aida plusieurs oeuvres de bienfaisance. Ainsi, lors d'une exposition tenue en Angleterre en 1982, au profit du World Wildlife Fund, tout fut vendu en deux jours, rapportant une très forte somme pour la préservation des espèces en péril. Le Leigh Yawkey Woodson Art Museum au Wisconsin a présenté ses peintures d'oiseaux, et plusieurs galeries américaines exposent ses toiles et ses reproductions à tirage limité. Il est représenté par Nature's Scene de Mississauga en Ontario et par Lindart Inc. à New York et en Floride. Ses reproductions sont éditées par Mill Pond Press à Venice en Floride où il vit depuis 1982.

INDEX

Acrylique 94

Animaux

Antilope d'Amérique 44-45, 135
Blaireau 105
Buffle du Cap 76-77
Cerf de Virginie 42-43
Couguar 28-29
Coyote 40-41
Éléphant 64-65
Gazelle de Thompson 70-71
Girafe 72-73
Grizzli 30
Guépard 68-69, 70-71
Lapin à queue blanche 100-101, 102-103
Lièvre 40-41
Lièvre de Townsend 18-19
Lionceaux 62-63
Lionne 72-73, 74-75, 139
Lion 139
Loup 34-35
Loup-cervier 137
Loutre de mer 142
Loutre de rivière 106-107
Lynx roux 31
Mouflon de Dall 36-37
Raton-laveur 96-97, 105
Tamia 98-99
Wapiti 26-27, 32-33, 38-39
Zèbre 66, 67

Apprêt 122-123
Arrière-plan: dégradé 102-103; fondu avec sujet 100-101
Atmosphère 128-129

BATEMAN, Robert

Au pays impressionnant du Wapiti 26-27
Aux aguets — Le tamia 98-99
Buse pattue sur un orme 24-25
Colibri à gorge rubis et ancolie du Canada 133
Effraie des clochers dans le cimetière 20-21
Faucon pèlerin et Martinets à gorge blanche 16-17
Guépard et ses petits 68-69
Lionceaux 62-63
Mâle bluffant — Éléphant d'Afrique 64-65
Martin-pêcheur d'Amérique et peuplier faux-tremble 130-131
Parmi les feuilles — Le Lapin à queue blanche 100-101
Chute de neige en soirée 32-33
Profil d'un ours polaire 2-3
Ressac et Bécasseaux sanderling 108-109

BLAGDEN, Allen

Aigle bateleur 52-53
Bernaches à cou roux 134
Cacatoès noir 55
Calao I 48
Calao II 49
Calaos casqués 46-47
Flamants roses II 51
Goura de Victoria 54
Pélican lunaire 50

Cadrage 52-53

CARLSON, Ken

Antilopes d'Amérique au printemps 44-45
Antilopes d'Amérique dans les buissons d'armoise 135
Canards colverts 122-123
Mouflons de Dall 36-37
Premières lueurs de l'aube 42-43
Wapiti bramant 38-39

CHING, Raymond

L'Aigle royal 10-11
Hirondelle des granges 94-95
Moineau domestique — Adulte mâle 90-91
Toucan à bec plat des montagnes 136
Troglodyte des forêts 92-93

COHELEACH, Guy

Balbuzard 1
Canards colverts 124-125
Évanescente majesté 12
Famille de loups-cerviers 137
La poursuite 70-71
Moment décisif 18-19

Comportement animal 42-43
Composition: abstraite 112-113; linéaire 116-117; mouvement 70-71; en vue d'un autre médium 116-117
Contre-jour 39
Couleurs: bleu vif 86-87; fondu 86-87; formes et 122-123; mélange 86-87; réfléchies 36-37; rouge vibrant 82-83
Couteau à peindre 76-77

ECKELBERRY, Don R.

Cormorans au nid 138
Coucou écureuil 57
Eiders en vol vers le large 128-129
Esquisses d'oiseaux 58-59
Momot à calotte rousse 56
Trogons, perroquets et martin-pêcheur des Caraïbes 60-61

Formes: bâtir 50-51; couleurs et ombres 122-123; en couleurs réfléchies 36-37
Fourrure: sur neige 30; créer profondeur 122-123; texture 40
Frottis 81, 126
Glacis 126
Herbes sauvages 14-15

JONSSON, Lars

Avocettes à l'aube 112-113
Chevalier sylvain 140
Étude de jeune gravelot — Une journée chaude 114
Grand Héron au vent 115
Grand-duc d'Amérique 22-23
Oisillons du Grand Gravelot 110-111
Parulines 88-89
Passerin bleu 86-87
Signes de printemps 84-85

KUHN, Bob

Battements d'ailes de vautours 74-75
Cours, lièvre, cours! 40-41
Lions attendant la tombée de la nuit 139
Mâle embourbé 76-77
Première tentative 72-73

Lavis 50-51
Lithographie 48, 49
Neige 18-19, 26-27, 29-35
Nuages 14

Oiseaux

Aigle bateleur 52-53
Aigle royal 18-19
Amazone à joues vertes 58
Avocette 112
Bécasseau sanderling 108-109
Bécassine des marais 116-117
Bernache à cou roux 134
Bernache du Canada 121
Buse pattue 24-25
Cacatoès noir 55
Calaos 46-47, 48, 49
Canard colvert 120, 122-125
Canard pilet 119
Cardinal rouge 84-85
Chevalier sylvain 140
Colibri à gorge rubis 133
Conure à front rouge 58
Cormoran 138
Coucou écureuil 57
Effraie des clochers 20-21
Eider à duvet 128-129
Faucon des prairies 14-15
Faucon pèlerin 17
Flamant rose 51
Geai bleu 78-79
Goura de Victoria 54
Grand-duc d'Amérique 22-23
Grand Héron 115, 143
Gravelot 110-111, 114
Harfang des neiges 141
Hirondelle des granges 94-95
Macareux moine 126-127
Martin-pêcheur à ventre roux 61
Martin-pêcheur d'Amérique 130-131
Martinet à gorge blanche 17
Merle d'Amérique 80
Moineau domestique 90-91
Momot à calotte rousse 56
Moqueur polyglotte 81
Parulines 88-89
Passerin bleu 86-87
Pélican 50
Perroquets 61
Pluvier kildir 118-119
Pygargue à tête blanche 13
Tangara écarlate 82-83
Toucan à bec plat 136
Troglodyte des forêts 92-93
Trogons 59-61
Vautours 74-75

PETERSON, Roger Tory

Lueurs arctiques — Harfang des neiges 141
Macareux moines 126-127
Merle d'Amérique 80
Moqueur polyglotte 81
Tangara écarlate 82-83

Photographie (peindre selon) 42, 77, 81
Plumes: crispées 54-55; irisées 124-125

QUINN, Thomas

Bécassine des marais 116-117
Canards pilets aux aguets et Pluvier kildir 118-119
Cavaliers des vagues 142
Jeunes Canards colverts 120
La course du lapin à queue blanche 102-103
La loutre de rivière et l'églantier 106-107
Le blaireau 105
Le raton-laveur et sa truite 104-105
Oison Bernache du Canada 121

SEEREY-LESTER, John

Avant les pluies — Zèbres 67
Chasseur des plaines — Le Faucon des Prairies 14
Course contre le feu 66
Guet hivernal — Le Couguar 28-29
Le refuge — Ratons-laveurs 96-97
Loups sur un promontoire 34-35
Pêcheur solitaire — Le Grand Héron 143
Première neige — Le Grizzli 30
Rencontre intime — Le Lynx roux 31

Texture 25, 36, 65, 76-77
Traces dans la neige 30-31

Imprimé à Hong Kong
par South China Printing Co. (1988) Limited